イチロー流「最善主義」で夢を叶える

児玉光雄
Mitsuo Kodama

JN136748

ベスト新書
606

はじめに

この本との出会いがあなたの人生を変えるかもしれない。

2019年9月14日、シアトル・マリナーズは、球団に貢献し、大きな功績を残した人物に贈られる『フランチャイズ・アチーブメント賞』の授賞式を行い、会長付き特別補佐兼インストラクターを務めるイチローが表彰された。

彼は約5分間のスピーチを行い、冒頭では菊池雄星投手に「今夜は泣くなよ」とジョークを飛ばし、「私が知っている最も素晴らしい選手たちと共に、または、そのような選手たちを相手にプレーできたことは、大きな誇りです」と、メジャーへの敬意を表した。

また、米経済誌『フォーブス』は、「彼ほどプレーする〝準備〟ができていた選手を、今後我々は2度と目にすることはないかもしれない。彼は有資格初年度で殿堂入りするだろう」と絶賛した。

イチローのキャリア成績は、日本のプロ野球で3619打数1278安打、打率3割5分3厘、メジャーで9934打数3089安打、打率3割1分1厘。それでは、なぜ彼はこのような偉大な記録を達成することができたのだろう?
この本で、私は、自ら収集した膨大な彼のコメントの中から大好きな100の言葉をピックアップして、彼がこの偉大な記録をうち立てた要因について、それらの言葉をさまざまな角度から読み解いてみた。

多くの人々が、「イチローは類稀なる野球の才能があったから、偉大なメジャーリーガーになり得た」と考えている。しかし、事実は、「半分は正解であるが、半分は不正解」である。

もちろん、彼に野球の才能がなかったら、プロ野球選手はおろか、到底メジャーリーガーには、なり得ない。しかし、才能に恵まれただけでメジャーリーガーになれるほど、この世の中は甘くない。何よりも、血の滲むような鍛練があったから、はじめて彼の野球の才能が開花したのだ。
21世紀という時代は、最も得意な分野に人生という貴重な資源をつぎ込んだ人間だけが成功を収めることができる。私たちには、複数の仕事で一流の仲間入りができるほどの人生の時間は与えられていない。

欧米にはこんな諺《ことわざ》がある。

「豚に歌を教えようとするな。時間の無駄であり、豚にとっても迷惑だ」

あなたにとって最も自信のある得意技は何だろう。その才能を活かす仕事のニーズは存在するだろうか？　もしもそれが仕事として成り立たないなら趣味で楽しめばよい。

イチローがそうであったように、自分の得意技を磨いてくれるのは弱肉強食の競争社会だ。その中で切磋琢磨して、目の前の仕事で、キャリアによって磨き上げた自分の得意技を遺憾なく発揮しよう。この世の中に内容の面白い仕事なんてほとんど存在しない。もっと言えば、内容の面白い仕事を探している人間は、決して一流にはなれない。

他人がやっている面白そうな仕事も、いざ自分が引き受けてみると、面白くない要素がどんどん現れてくる。現役時代のイチローでさえも、「バットを振る作業は全然面白くない」と、語っていた。

それでは、その面白くないバットを振るという単純作業を、イチローはなぜあれほど丁寧に心を込めて長時間やり続けることができたのか？

あるとき、イチローは「練習の意味」についてこう語っている。

「仕事の責任のために練習をしているわけじゃないんですよ。野球が好きだから練習しているんです。それだけです」

これはあくまでも私の推測に過ぎないが、一流の投手の投げるボールをヒットにするという快感が彼にこの作業を自発的に行わせていたと、私は考えている。

これからの時代は、ＡＩ（人工知能）の進化が急速に進み、数多くの仕事はロボットやコンピュータによってとって換わる。結果仕事の専門化が急速に進み、ＡＩで置き換えの利かない人材が登用される時代になる。つまり、代役の利かない、その作業の名人芸を身に付けた人間しか生き残れないのだ。

現役時代のイチローがそうであったように、日常生活の中で、あなたの最大の武器を磨く時間をたっぷり確保して、努力を積み重ねよう。それだけでなく、なんとしても自分の最大の得意技を仕事に反映させて、仕事でヒットを放つことを快感にしよう。そうすれば、どんな仕事も楽しくなり、あなたもイチローのような、目の前の仕事の達人に登り詰めることができるようになる。

２０１９年11月　児玉光雄

◆目次

第4章　「最善主義」を支えるポジティブ思考の力

第7章　引退会見で語ったイチローの心理の凄さを検証する……165

巻末付録　イチロー引退会見全文

第1章

状況に応じてベストを尽くす
イチローの「最善主義」

「完璧主義者」ではなく「最善主義者」を目指そう

イチローの言葉1

「満足の基準は、少なくとも、誰かに勝ったときではありません。自分が定めたものを達成したときに、出てくるものです」

（２００４年１０月にメジャー通算安打記録を達成したときに語った言葉）

イチローは典型的な〝最善主義者〟である。最善主義者と対比されるのが〝完璧主義者〟である。多くの人々が「現役時代のイチローは完璧主義者だった」と考えている。しかし、その考えは明らかに間違っている。

そのいくつかの理由を示そう。まず、現役時代のイチローは結果にはまったく無頓着であったということ。彼の意識は常にプロセスに向いていた。これこそ最善主義者の特徴である。

一方、完璧主義者は常にライバルと比較したり、成果に敏感である。だから片時も気持ちが休まることがない。

次に、最善主義者は「ベストを尽くすこと」に意識を置いている。だから、たとえどんな結果に終わろうとも後悔しない。結果安定したストレスフリーのメンタル面を確立することができる。

一方、完璧主義者は、失敗を恐れるだけでなく、犯した失敗に過剰反応するから常にストレスを抱えている。当然行き当たりばったりの行動に終始するから成果が上がらない。

現役時代のイチローのように、**ただひたすら自分の定めたやり方で最高の成果が上がるための努力を積み重ねよう。**それこそ一流の仕事人の行っているやり方なのである。

日々ベストを求めながら今日の自分は完璧と考えてみよう

イチローの言葉2

「どんなに苦しいときでも、あきらめようとする自分はいなかったし、あきらめる自分もいなかった。そのときのベストを尽くすという自分がいたこと、それはとても心強いことでした。自分がどんな状態であろうと、チームがどんな状況であろうと、モチベーションが下がることはありませんでしたね」

（2004年10月、シーズン257安打のメジャー記録を抜いた試合後のインタビューで語った言葉）

小さな頃から、イチローは一貫して、「最高のものを追い求め続ける」というシンプルな成功方程式を実践し続けたから、偉大なメジャーリーガーに上り詰めることができたと、私は考えている。

あるいは、彼は「現状の自分が最高！」と自分に言い聞かせてバッターボックスに入り、ピッチャーと対峙して、自分の持てるものを全部吐き出すことに努めたから、数々の偉大な記録を打ち立てることができた。

自分のバッティングの不完全さを克服することに取り憑かれる面白さを発見したときから、イチローの進化が始まったのだ。

これはあなたの仕事にもまったく応用できる。**あらゆる妥協を葬り去って、そのときどきでベストの結果を出すことに全力を注ごう。**そのためには、「ああでもない、こうでもない」と悩みながら仕事と格闘するのが、一人前のプロフェッショナルの共通点である。

仕事で悩むだけ悩んで、それを快感にしてしまえばよい。悩みの先には必ず新しい飛躍が待っている。

現役時代のイチローのように、自分にとっての最高の状態を追い求める姿勢を持てば、私たちも大きな成果を挙げることができるようになる。

精一杯感性を働かせて目の前の作業に打ち込もう

イチローの言葉3

「自分がイメージしている球を打ち返すことなんか滅多に起こらない。実戦で本当に必要なことは例えば、変化球を待っていながらインサイドに来た真っ直ぐ高めをヒットにすることなのです」

（バッティングにおける心構えについて語った言葉）

ピッチャーの意図を読み取ることは止めて、ピッチャーの手から離れたボールの行方を予知する能力を現役時代のイチローは身に付けていた。想定範囲内のことだけやっていればいいという発想では、到底この社会で生き残っていけない。**考え得る限りの状況を想定して柔軟に物事に対処する能力を身に付けよう。**

ピッチャーとバッターは騙し合い。過去のデータも参考にならず、フェイントをかけてくる相手の真意を読み取ってヒットにする。そういう高度なテクニックを現役時代のイチローは身に付けていた。ときにはワンバウンドのボールを打ち返したこともある。それも彼にとっては想定内なのである。

過去のデータに縛られると身動きできなくなることがある。一流の人間ほど、相手の出方に対して心の柔軟性を絶やさない。どんな状況でも、現状をありのままに受け止めて無の境地で敵に対峙するわけである。

過去のデータで埋め尽くされた論理に頼るのではなく、その一瞬一瞬の感性と対話しながら行動する。そういう習慣を身に付けよう。現代人は、あまりにもマニュアルに頼り過ぎるから感性にフタをしてしまう。だから予知力が萎えてしまう。精一杯感性を働かせて決断をする。これは大切なことである。

「人間万事塞翁が馬」を座右の銘にしよう

イチローの言葉4

「交通事故さえなかったら、きっとピッチャーを目指していたと思います。でも、事故のおかげで速い球が投げられなくなった。結果的に打者としてプロを目指すきっかけをつくってくれたのは、この交通事故なんですね」

（高校2年生のときに自転車に乗っていて車に追突され、1カ月半松葉杖の生活を余儀なくされたときのことを思い出して）

この事故により、しばらくの間イチローは速い球を投げられなくなった。中村監督（当時）はこの事故を契機に、バッティングセンスを買って投手から野手にコンバートした。つまり、この事故がなければ、彼は卒業するまでピッチャーを務めていたはずであり、投手としてのイチローなら、たぶんどの球団もドラフトに指名していなかったといわれている。

結果的に、この交通事故がイチローにプロ野球選手になるための道を拓いてくれたのだ。良くないことが起こったとき、これは不幸であると、考えてはいけない。良いことが次に起こると考えてみよう。逆に、良いことが起こったら浮かれてはいけない。そんなことに浮かれているととんだしっぺ返しを食らうことになる。

私はかつて、2年間アメリカの大学院に留学したが、そのとき、私の指導教官は「Everything happens for the best（悪いことも良いことも、それはすべて自分の最良のために起こっている）」という格言を贈ってくれた。

人生は一回限り。**あなたの身の上に起こった出来事を「良い、悪い」で判断してはいけない。起こった事実を素直に受け入れ、それを糧にして自分の人生を最良のものにすることに努めること。**

「人間万事塞翁が馬」なのである。

切実感を持って一日一日を大切に生きよう

イチローの言葉5

「よく、開幕前やシーズン途中に『今シーズン限りで引退します』という選手がいますよね。その場合は本人も周りも覚悟ができます。今シーズンで終わるということを表明して、1年プレーして終わるなんて、僕にはとてもできないんです」

（引退後に引き際に関する持論について語った言葉）

この言葉の後にイチローはこう語っている。

「表明しているということは、その時点で終わっていると思うからです。僕には先の可能性を捨てることなど、できません」

どんな世界もいまだに「弱肉強食」の原理で成り立っている。特にスポーツの世界はそうである。力のなくなった者は容赦なく力のある者に置き換わる。これはイチローにとっても例外ではない。

監督が采配権を保持している限り、イチローとて待つ身であり、監督が使わないと決めた時点でお払い箱になる運命にある。だからその一瞬でベストを尽くすという哲学を持っているイチローにとっては、シーズン途中で引退すると宣言して残りのシーズンでベストを尽くすということなどあり得ないのだ。

私たちの人生は「今日という一日」の連続体で成り立っている。残念ながら、私たちは今日という一日を無駄遣いしてしまっていることが多い。**一日の価値についてもっと切実感を持って生きれば、あなたはもっと凄いパワーを発揮できる。**

もっと言えば、あなたにとって今日は最期の日かもしれない。だから、そういう切実感を持って日々を大切に生きよう。これは大切なことである。

徹底した積極姿勢を貫いて成果を挙げよう

イチローの言葉6

「バットを振らずに打席が終わる。そんなにつまらないことはない」

（打席に立ったときの心構えに触れて）

イチローほど積極姿勢を貫いたアスリートを探すのは難しい。「もしもイチローがもっと四球を選んで塁に出ていたら、打率が上がっていたはず」と主張する野球評論家も少なくない。しかし、彼の積極姿勢がそうさせなかったという事実をこの言葉が象徴している。

あなたは野球用語で使い古された「ストライク」の意味を知っているだろうか。この言葉のニュアンスは日本と米国で少し違う。日本では「ピッチャーが投げるべき、ある領域のボール」のことを指す。

メジャーでは、解釈が真逆である。「ストライク」という言葉は「ボールをバットで弾き返す」という動詞である。つまり、その領域に飛んできたボールは必ずバットを振って弾き返さなければならないのだ。だから、メジャーリーグの監督は消極姿勢を極端に嫌がる。彼らの口癖は「三振してもいいから思い切りバットを振れ！」である。もしも、見送りの三振に討ち取られると、そのバッターは即刻マイナー行きの憂き目に遭う。

一方、日本のプロ野球の監督の口癖はこうである。「きわどいボールには絶対手を出すな！ 選球眼を活かして四球で塁に出てもいいぞ」

この解釈からも消極姿勢の日本と積極姿勢の米国の違いが読み取れる。**「たとえ失敗してもいい」という強い思いで果敢に行動を起こせばあなたは着実に進化していける。**

「オン」と「オフ」のめりはりをしっかりつけよう

イチローの言葉7

「試合後はロッカーや車の中で気持ちの整理をします。いい結果も、悪い結果も、家庭に持ちかえりません」

（オフタイムに心掛けていることについて語った言葉）

現役時代のイチローは試合後ロッカールームでユニフォームから私服に着替えた瞬間「オン」から「オフ」にモードを切り替える習慣を身に付けていた。

あるとき、イチローはこう語っている。

「オフのときはなにも考えてないですよ。できるだけ頭を空っぽにしようと思っています。ただ、次の日にゲームがあるときは本当に空っぽにはできないですね。寝る時間のことを考えなければならなかったり、それ以外にも、考えなければならないことがあったりしますからね。本当の空っぽの状態というのは、次の日も試合がないときですね。もちろん移動も試合もない、そういう完全にオフの前夜。これはもう空っぽです」

一日単位で完全燃焼するためには、「オン」と「オフ」をしっかりと区別しなければならない。**肝心の仕事で良質のパフォーマンスを発揮するには、「オフ」を充実させて目一杯リラックスしよう。**

これは私感であるが、日本人はまだまだ「オフ」の充実が不足している。「オフ」に仕事をきっぱり忘れて、大好きな趣味や運動に没頭しよう。あるいは、心を整えるためには瞑想や部屋の掃除や整理整頓をする時間を確保しよう。それだけであなたは心を整えることができ、肝心の仕事と趣味で大きな成果を挙げられるようになる。

地道な作業を淡々と持続することの大切さ

イチローの言葉8

「人よりも頑張るなんてことはとてもできない。あくまでも「秤」は自分の中にある。秤を使いながら、自分の限界をちょっと超えていく。そうするといつのまにかこんな自分になっているんだという状態になって。少しずつの積み重ねでしか、自分を超えていけないと思っているんですよ」

（引退会見で自分のキャリアを振り返って語った言葉）

イチローほど小さな作業を大切にするアスリートはあまり見当たらない。「小さな努力の積み重ねの総和が偉大な記録の原資」こそ、イチローを超一流のメジャーリーガーに仕立てた要素である。

本屋に行くと、「願えば夢は叶う」とか「努力しなくても夢は叶う」といった安直な自己啓発本が並んでいる。そして、それらの本は確かに売れている。しかし、そんな安直な考えで夢が叶うならこの世の中は成功者だらけのはず。しかし、現実はそうではない。

もちろん、私は願うことを否定しているわけではない。願うことにより行動力が身に付き、そしてその行動力こそが私たちを夢に連れていってくれるのだ。

イチローのキャリアを振り返れば「日々の小さな習慣の膨大な積み重ねによってでしか、夢は叶わない」という真実が見えてくる。近道は存在しない。現役時代のイチローの究極のテーマは、いたってシンプルなものである。それは「ひたすらヒットを1本ずつ積み重ねること」である。

地道な努力ほど信頼できる進化の要素は見当たらない。**安直な夢物語を心の中から潔く葬り去って、あなたの成長に貢献してくれる小さな習慣を日課に組み込もう。**それこそイチローのような一流の人間が持っている共通点なのである。

自分の短所を最小限に抑える工夫をしよう

イチローの言葉9

「技術は毎年、特に打つことに関しては変えることがあって、それが上手くいくこともあるし、そうじゃないこともある。すごく繊細な技術ですから、打撃というのは。ただ、走ること、投げることは、わかりやすく測ることができますよね」

（2018年のシーズンに入って雑誌のインタビューで自分の技術について語った言葉）

シアトル・マリナーズに復帰した2018年のシーズン、初安打となった二塁内野安打の一塁ベースを駆け抜けるまでの時間は4．0秒だった。メジャー全体でも、4秒を切れば俊足と評される事実からも44歳の人間のこの記録は「凄い」の一語に尽きる。節制の賜物であることは論をまたない。あるとき、イチローはこうも語っている。

「世間で40歳が野球選手の節目として見られているのは、僕の先輩たちがそれを超えてこなかったからです。先輩を超えることが後輩の使命です」

これはあくまでも私感であるが、40歳を超えたイチローの打率が低下した原因は身体的能力の衰えでないことは明らかである。もちろん、バットコントロールも典型的な結晶性技能（キャリアを深めることにより向上していく技能）である以上、衰えていない。

ただし、反応速度や視機能は40歳を超えると明らかに衰える。これはイチローとて例外ではない。ほんのわずかな反応速度の遅れと動体視力のわずかな低下が40歳を過ぎたイチローの打率を低下させた最大の原因であると私は考えている。

自分の長所ではなく短所に意識を絞り込んでそれを力バーするアイデアを練ったり、短所の影響力を最小限にする工夫をすることにより、私たちは加齢という厄介な因子を最小限に抑え込むことができるようになる。

常に安定した精神状態でベストを尽くそう

イチローの言葉10

「精神的にレベルの高い選手は、ガッツポーズをしたり、叫んだり、悔しがったりして感情を表に出したりしないものです」

（「なぜ喜怒哀楽を出さないのか？」という質問に答えて）

現役時代のイチローの辞書には「良い、悪い」という判断基準が存在しなかった。言い換えれば、並の選手は、常に「良い、悪い」という判断基準であるから、喜怒哀楽の感情が湧き上がる。

あるとき、イチローはこう語っている。

「ヒットが出ているからといって状態がいいというわけでもないし、ヒットが出ていないから調子が悪いというわけでもない」

「良い、悪い」という判断基準を心の中から潔く葬り去れば、感情の起伏がなくなり、常に安定した精神状態で目の前の作業に打ち込める。それでは、どのような判断基準が好ましいのだろう。何事にも課題を設定して「できたか、できなかったか」という判断基準を持てばよい。

現役時代のイチローは、「投手が投げる球をヒットにする!」というシンプルな課題を持って毎打席それを試した。ヒットにできたらそれでよし。ヒットにできなかったら、その原因を深く探って次打席で修正を加えて挑んだはず。そこには感情はまったく介在しない。

常に安定した精神状態で自分の定めた課題を実現させるためにベストを尽くす。これこそ、イチローのような一流の人間の共通点なのである。

第2章

「最善主義」の継続が大きな成果に繋がる

日々同じリズムで同じことを淡々とやり遂げよう

イチローの言葉11

「僕は全部決まった時間に動いているので、時計よりも狂わない可能性がある。だって時計は電池が切れたら止まってしまうでしょう」

（自分の日常生活を時計にたとえて語った言葉）

あなたは習慣の強烈なパワーを活用しているだろうか？　イチローほどこのパワーを活用したアスリートを探し出すのは、とても難しい。偉大なアスリートほど、習慣のパワーを活用して凄いパフォーマンスを発揮している。

フロリダ州立大学の社会心理学者、ロイ・バウマイスター博士の調査では、日々の行動の95％は無意識の行動であり、残りのたった5％だけが意識的な行動であるという事実が判明している。

別の調査では、新しい行動を3週間持続すれば、それは習慣化して無意識の行動に生まれ変わるという。イチローのように**徹底して自分のやるべき行動を自動化してしまえば、すべて脳のオートマチックモードに委ねるわけだから、驚くほどスムーズにことが運ぶ。**一方、脳のマニュアルモードに委ねてしまうと、行動は統一化や自動化が損なわれ、結果肝心のバッティング技術にまでその影響は及ぶのである。

一年365日、イチローのようにまったく同じルーティン（習慣化された行動）により構成することは不可能だとしても、前日の夜、あるいは朝起きた後、その日の行動をきっちり決めてその通りの行動を忠実に実行する習慣を身に付けよう。それがあなたにとって好ましい出来事をもたらしてくれる。

日々小さな目標をクリアすることを快感にしよう

イチローの言葉12

「僕にとって3000という数字よりも、僕が何かをすることで僕以外の人たちが喜んでくれることが何よりも大事。そのことを認識した瞬間ですね」

（2016年にメジャー3000本安打を打った後に語った言葉）

イチローが打ち立てた10年連続シーズン200安打やシーズン最多の262安打はたぶんこれからも破られることのないすごい記録であるが、やはりメジャーリーガーとしての勲章はメジャー通算3000本安打で間違いない。

イチローにとっての記念すべきこの記録は2016年8月7日、敵地コロラド・ロッキーズのクアーズ・フィールドで達成される。7回1アウト、イチローのバットから飛び出したボールはライトフェンス直撃の三塁打。ダッグアウトから飛び出したチームメイトが三塁付近に歩み寄り、彼らの人垣の中でイチローはもみくちゃにされながら満面の笑みを浮かべた。3000本安打達成の数試合前の記者会見でも、イチローはこう語っている。

「間違いなく3000本安打は終わりではありません。ゴールではないのです。そうなったとしても、いずれやってくるプロセスにすぎません」

イチローにしてみれば、節目である3000本安打はファンが喜んでくれるもの。自分にとってはメジャー最初の安打も、2999本目の安打も、そして3000本安打も同じ自分が打った1本のヒットにすぎないという思いがある。

「ヒットを1本ずつ積み重ねる」という至って単純なテーマを実現するためにベストを尽くす。この姿勢を学べば誰でも凄い成果を挙げることができるようになる。

仕事の大きな成果は、小さな準備の総和である

イチローの言葉13

「要するに、〝準備〟というのは、言い訳の材料となり得るものを排除していく、そのために考え得るすべてのことをこなしていく、ということですね」

（準備の大切さについて語った言葉）

多くのアスリートが、「本番のために練習が存在する」と考えている。しかし、その考え方は明らかに間違っている。たぶん、現役時代のイチローは、「練習のために本番が存在する」と考えていたはずだ。

本番はどれだけきっちり練習ができたかを評価する通信簿にすぎない。そういう発想があったから、イチローは準備にことさら強いこだわりを持っていた。**大切なのは、準備である練習であって、その成果を試すために本番がある。**この言葉でイチローはそう言いたかったわけである。

私は、「仕事の大きな成果は小さな準備の総和である」と考えている。人生というのは、年間目標でも、月間目標でも、そして週間目標でもなく、日課で構成されている。そしてその日課のほとんどは肝心の本番のための準備作業で占められているべきである。

現役時代のイチローは、日々完璧な準備をすることだけに命を懸けていた。そして、大きなことよりもむしろ小さなことをきっちりやり遂げる覚悟が備わっていた。なぜなら、小さな準備の積み重ねが好ましい結果をもたらすことを、イチローは知っていたからだ。

コツコツと自分の決めた小さな準備を、丹念にこなしていこう。仕事とはそういうものの集合体であり、それができた人だけが大きな成果に巡り合うことができる。

準備周到こそ成功のキーワード

イチローの言葉14

「シーズンの中で僕らの生活の中でいえば、何一つ欠けてはいけないんですよね。なにかをおろそかにすれば結果に返ってくるっていうのが、僕らの世界ですから」

（普段自分が心掛けていることについて語った言葉）

一流になりたかったら、肝心の本番はもちろん、完璧なまでの準備をしなければならない。現役時代のイチローほど準備に意欲を注いだアスリートを探すのは、とても難しい。朝起きてからベッドに潜り込むまでのスケジュールは寸分の狂いもないほど決まっていた。準備周到さえ心掛けていれば、本番では黙っていても持てるパフォーマンスを発揮できるというイチローならではの逆発想である。

肝心の本番でいくら頑張っても、準備不足がそのアスリートの命取りになるという事実に私たちは気付かなければならない。「たとえ無駄と思えるものでも、やっておかないと本番のパフォーマンスに悪影響を及ぼす」という思いが、常にイチローの脳裏に渦巻いていたはずだ。

たとえ結果が出なくても、肝心の本番までに完璧な準備をして臨んだから自分を納得させることができる。そういう境地になって、初めて私たちは一流の仲間入りができるようになる。**本番とは、それまでの準備の周到さを試す機会でなければならない。**

本番での失敗は許しても、本番前の手抜きは絶対に許さない。そういう現役時代のイチローの姿勢を貫けば、誰でもひとかどの人間になれる。

細かいことを大事にして仕事を丹念に仕上げよう

イチローの言葉15

「162試合やっていくには、結局そこ（細かいこと）を大事にできない人は、成績にもバラつきが出るでしょうね。安定して成績を高いレベルで維持しようと思ったら結局はそこの意識だと思うんですよ。いかに細かいことを大事にできるか。で、決まってくるといってもいいんじゃないか」

（細かいことを大事にすることの大切さに触れて）

どんな仕事も、面白くない、飽き飽きするようなルーティンワークで成り立っている。だから、同じことを心を込めてコツコツやる人だけが一流になれる。

100の作業をやるとき、ほとんどの人が100種類の作業を1度ずつやりたがる。浅く広くが現代のトレンドになってしまっている。しかし、それでは名人芸を身に付けることなどできない。

一方、一流の人間は一番やるべきたった一つの作業を延々と100回繰り返す粘り強さが備わっている。たとえ残りの99の作業の中に魅力的な、面白い作業が存在していても、あえて勇気を出してそのことには手をつけない。この違いが一流と並を隔てている。

実は、人間国宝と言われる人たちの共通点は、黙々と朝から晩まで40年も50年もかけて同じ仕事を繰り返していること。さまざまなことの表層をなぞるだけの行動では、何も身に付かない。ただの気紛れに過ぎないし、それは時間の無駄遣い以外の何物でもない。

あなたにとって目の前の仕事の中の一番重要な作業は何だろう？ **最重要のルーティンワークを心を込めて繰り返そう。**

人生の貴重な時間という資源を、目の前の最重要の作業にたっぷり注ぎ込もう。わずかな差ではなく、圧倒的優位に立つためにはそれしかない。

日々自分のベストを発揮することに努めよう

イチローの言葉16

「僕にとって、これからやるべきことで新しいことは何もない。これまでやっていることをできるかどうか。いつも、その日の自分にはこれがベストだと思うことをやってきた。その積み重ねなんです」

（日々心掛けていることについて語った言葉）

私のスポーツ心理学の先生であり、アメリカを代表する高名なジム・レーヤー博士の哲学は、「一日単位で完全燃焼！」である。これこそ、人生を成功に導く大きな要素である。あなたを車にたとえてみよう。あなたの名前がナンバーに記された「あなたという車」は朝出社したとき、心のタンクを満タンにして昼間全力投球しよう。

そしてタンクの中に蓄えられているガソリンをすべて消費してその日の夜、ガス欠状態でなんとかベッドまでたどり着いて数分以内に深い眠りに入る。日々その連続であるべきであると、レーヤー博士は主張する。

あなたという車の左側のタイヤがオンタイム、右側のタイヤがオフタイム。左側と右側のタイヤのどちらの方が大事か？　そんな馬鹿げた質問をする人は一人もいないだろう。どちらも同じだけ大切なのである。

チャンピオンに負けないくらい、摂生に努めよう。それだけでなく、退社後翌朝までオフタイムを充実させてエネルギーを目一杯補給しよう。私たちは心のタンクに蓄えたエネルギー以上のエネルギーを消費することはできない。

今以上に食事、運動、睡眠、休息に関心を持ってエネルギーを補給することに努めよう。そうすれば黙っていても、あなたは一流の仲間入りができるようになる。

人生を懸けてブランド人間を目指そう

イチローの言葉17

「時間をかけなければ、絶対にできないものは、すごいなぁと思うんです。もちろん、5打席連続ホームランもすごいけど、一日でできますからね」

（2006年7月、6年間の合計安打記録を打ち立てたときに語った言葉）

何事も効率優先の時代である。しかし、時間をかけなければマスターできない名人芸は相変わらず健在である。

もっと言えば、その重要性は一時代前よりも増していると言える。効率を最優先させて時間をかけて習得することが軽視されるこの時代こそ、効率が悪いことを地道にやり遂げる姿勢が求められるのだ。

イチローは近道よりも遠回りを好む希有な人間である。彼は、時間をかけてマスターしたものは、安定しているし、他の追随を許さないという事実を熟知している。それがひいては、個人で言えばカリスマ性、組織なら絶大な信頼性を生み出す。

「ブランド」こそ、現代における成功のキーワード。「ブランド」とは、「その名前を聞いただけでその個人、その組織が何をしているのかが瞬時にわかること」を意味する。もちろん、個人で言えば、イチローやタイガー・ウッズであり、組織で言えば、ソニーやトヨタがブランドである。

現役時代のイチローのように、**時間をかけなければ身に付かない名人芸に人生という貴重な資源をたっぷり注ぎ込もう。**それがあなたを「ブランド人間」に仕立ててくれる。

目の前の作業の意味を把握しよう

イチローの言葉18

「嫌いなことをやれと言われてやれる能力は、後でかならず生きてきます」

（自分が普段から心掛けていることについて語った言葉）

仕事を単純に「好き」か「嫌い」で分類してはならない。趣味ならそれでもいい。しかし、こと仕事に限っては、「必要か」か「必要でないか」の判断で決めるべき。仕事では、嫌いでもやらなければならない作業もあれば、好きでもやってはならない作業もある。

仕事はニーズでつながっている。だから、ニーズのない仕事など、とっくの昔に消滅しているはず。好き嫌いの如何にかかわらず、その作業にニーズがある限り、嫌いな作業でもやり遂げなければならない。

現役時代のイチローにしても、「バットを振る」という作業自体を取り上げたら、あまり面白いとは言えなかったはず。ヒットを1本でも多く打つということに、バットを振る作業の意味を見出していたから、彼はこの面白くない単純作業にのめり込むことができた。もちろん、「イチローの芸術的なヒットを1本でも多く目の前で見たい」というボールパークに足繁く通うファンのニーズがあったから、彼は「バットを振る」という単純作業を進化させることにのめり込めたのだ。

目の前の作業の意味をしっかり把握して、その仕事にお金を支払ってくれる人の顔をイメージしながら、その人を満足させる価値に仕上げることにやり甲斐を見出そう。それが面白くない仕事を面白くする原動力となる。

達成動機を心の中に満たして実績を挙げよう

イチローの言葉19

「自分でやること、やろうと決めたことに対しては、手抜きしないことです。そこで手抜きしていたら、たぶんそっぽ向かれると思いますよ。お前、自分が決めたこともやれないのか、というふうに思われちゃうでしょうからね」

（日常生活の中で自分が誇れるものについて語った言葉）

達成動機は、ひょっとしたら最強のモチベーターである。現役時代のイチローは、達成意欲が並外れていたから、次々に偉大な記録を更新できたのだ。

達成動機に関して、著名な心理学者、ヘンリー・マレーはこのように定義している。

「難しいことを成し遂げること。自然物、人間、思想に精通し、それらを処理し、組織化すること、これをできるだけ速やかに、できるだけ独力でやること、障害を克服し高い標準に達すること、自己を超克すること、他人と競争し他人をしのぐこと、才能をうまく使って自尊心を高めること」

この定義は1938年の彼の論文に記されたものであるが、いまだに健在である。結果に一喜一憂するのではなく、自分が定めたことを毅然とした態度でやり遂げる。このパワーは決して侮れない。

シーズン200安打をなんとしてもやり遂げるという覚悟があったから、イチローは10年続けてその目標をクリアできたのだ。**あなたが仕事で実績を挙げたかったら、なんとしても達成動機を高めよう。**

そうすれば実行力が付いて、あなたは現役時代のイチローのように凄いことをやってのけることができるようになる。

イチローの言葉20

「箸はキレイに持ちたい。力が入ってガチッと握ったら、キレイじゃない。柔らかく握った方がしなやかに見えるはずなんです」

（箸の持ち方に対するこだわりについて語った言葉）

現役を引退したイチローの体形は、オリックスに入団した27年前とほとんど変わらない。あの華麗なバットコントロールやフィールディングも、ファンから見て美しいと感じさせるイメージを、イチロー自身が描いていたから確立できたのだ。

いわゆるメタ認知能力が発達していたから、現役時代のイチローは凄かったのだ。人間というのは、案外自分のパフォーマンスには無頓着である。メタ認知とは、頭の中にもう一人の人間がいて、自分をきっちり監視できる能力のこと。

あの長嶋茂雄さんも、メタ認知に長けた偉大なプレーヤーだった。あの華麗なパフォーマンスはファンに感動を与えるという強い思いから生まれたという。やさしいボールを処理するときにも、ファンを魅了するためにグローブの中でボールを弾ませることにより、敢えて難しそうな演出をしたというのだ。

もちろん、あなたもその気になればメタ認知能力を高めることができる。**まずあなたの周囲の人たちを明確に意識することから始めよう**。そして仕事をうまく演出して、あなたの周りの人たちを感動させることに全力を尽くそう。それこそ一流のプロフェッショナルが行っている共通点である。

日常生活の環境整備を万全にしよう

イチローの言葉21

「僕は遠征先にも、〝マイ・枕〟を持っていきます。違う枕で寝ることで首の位置が変わってしまわないようにね」

（遠征のときに気を付けていることについて語った言葉）

日常生活の環境整備は、ひょっとしたら現役時代のイチローにとって、最重要の条件の一つだったに違いない。彼は長いキャリアの中で日常習慣において取り入れるものと排除するものを見事に選別して、肝心のゲームで最高のパフォーマンスを発揮するために彼にとってベストな環境整備を確立したはずだ。

ジム・レーヤー博士は、自らの本でこう記している。

「全体としてストレスと回復はバランスを維持しなければならない。言い換えれば、出ていくエネルギーの総量（ストレス）は入ってくるエネルギーの総量（回復）と少なくとも同量でなければならない。さもなければ、身体は力を発揮するシステムの多くを遮断しはじめる」

一流のアスリートほど、オフタイムの環境整備に意識を注いでいる。もちろん、一流のビジネスパーソンも然りである。

普段から自分の身体に適合した最高の食事・睡眠・休息の具体策を取り入れて、心身とも最高のコンディションでの生活の実現に努めれば、黙っていても肝心のオンタイムで成果を挙げることができるようになる。

第3章

イチロー引退前後の心理から夢を叶えるヒントを読み解く

イチローの言葉22

「野球の研究者でありたい。この先、鍛練を重ねることで自分がどうなっていくのかを見てみたい」

(2018年5月に会長付特別補佐になって試合出場が叶わなくなった後に語った言葉)

これはあくまでも私感であるが、イチローは世間の常識を覆すことをやり甲斐にしてベストを尽くしたから、数々の偉大な記録を打ち立てることができたと、私は考えている。もはや試合に出ることが叶わなくなった2018年5月から翌年のオープン戦までの10か月間、まったく実戦の経験ができない状況に置かれても、黙々と練習に励んだことはあまり報道されなかったが、2019年3月に東京で開催されるメジャー開幕戦に出場するために献身的に野球に打ち込んだ日々は、イチローにとってもっとも誇らしい野球人生の一つだったはずだ。

考えてみれば、イチローの野球人生は、世間の常識を覆すことを快感にして飛躍してきた。そのことについて、2016年ピート・ローズの4256安打の記録を抜いたときに、彼はこう語っている。

「小学生の頃、毎日、野球の練習をして、近所の人から『アイツ、プロ野球選手にでもなるのか』といつも笑われていました（中略）。常に人に笑われてきた悔しい歴史が僕の中にはあるので、これからもそれをクリアしていきたいと思います」

普段から常識に反抗する精神を持って仕事に打ち込めば、私たちも凄い成果を挙げることができるようになる。

日々感動する行動パターンを身に付けよう

イチローの言葉23

「次は草野球を自分なりに頑張って、決勝戦で智辯和歌山のみなさんに応援してもらうことが夢になりました」

（２０１８年11月に智辯和歌山と明石商業の試合をイチローが観戦したことがきっかけで知り合ったことに触れて）

イチローは毎年シーズンオフになると、オリックス・ブルーウェーブの本拠地で自主トレを行ってきた。2018年のある日、イチローの野球観戦を通じて交流した智辯和歌山のブラスバンド部が再起を目指すイチローの自主トレを応援するために、球場に来ていた。そして、イチローがバッティング練習をしている間、大きな声でイチローに精一杯の応援を送り続けていた。

そこには、智辯和歌山のブラスバンドの代名詞ともいえる魔曲「ジョックロック」をバックに黙々と打ち続けたイチローの姿があった。

しかし、話はそこで終わらなかった。バッティング練習が終わり、智辯和歌山の生徒たちが片付けをしているところにイチローがサプライズで登場する。お礼を込めて生徒全員と握手を交わしたのだ。生徒一人一人が感激したことは言うまでもない。

感動するシーンを増やすことにより、人生はたちまち充実したものに変わる。それはオンタイムだけでなく、オフタイムにおいてもまったく通用する。あなたは今日何回感動しただろうか？ そのことについてときどき考えてみよう。

引退した後、父親と一緒に練習をしたあの頃の気持ちに戻って野球を楽しむことこそ、これからのイチローにとっての一大イベントであり、感動できる機会なのかもしれない。

イチローの言葉24

「余裕があるよね。投げる日は朝から表情が違うのは当然のことですけど、先発ピッチャーは。普段とは違う（菊池投手の）表情を今日初めて見たけど、その中でもそんなこと（素晴らしいピッチング）ができるのは、そりゃ、〝普通じゃない〟わね」

（2019年3月2日のオープン戦での菊池雄星投手のピッチングについて語った言葉）

この試合で菊池投手は最速94マイル（約151キロ）の直球とカーブ、スライダーを中心に3回を投げて味方の拙守で2点を失ったものの、39球中31球がストライクという好投をみせた。

その試合のイチローの感想がこの言葉である。そして、日本におけるメジャー開幕戦である。その第2戦イチローは8回裏にいったん守備について交代のアナウンスが告げられる。ベンチに引き揚げてくるイチローを待ち構えていた菊池投手はイチローに胸をこぶしで軽く叩かれながら、「頑張れ！」という声をかけられると、菊池投手は思わず帽子のツバに手を当てて下を向き、涙ぐんだ。

実は菊池投手は小さい頃から熱心な読書家であり、日本でプレーしているときにもイチロー関連の本を読みあさったという。野手と投手という違いはあるが、**メンター（助言者）を持っている人間と、そうでない人間とでは、進化の度合いがまるで違ってくる。**

人間の脳には「ミラー・ニューロン」というメンターの思考・行動パターンを見事に模倣することに専念している脳細胞があるという。それを活用しない手はない。

菊池投手のイチローにあたるあなたにとっての「メンター」を今すぐ見つけて交流を持とう。それこそ強烈な自信を構築する具体策である。

淡々とやるべきことを実行し続けよう

イチローの言葉25

「現実的には『イチロー、もうやめたんだな』『あれが最後だったのか』という、ひっそりとした最期が僕の死に方なのかなと想像していました。それを思うと、ああいう（ファンが最後まで残ってイチローに別れを惜しんだ）終わり方だったのは奇跡と言うべきでしょう」

（引退後に雑誌のインタビューで語った言葉）

実は、2018年5月2日のゲームがイチローにとっての18年シーズン最後のゲームとなった。1点を追う9回裏、1死1、2塁の好機で打席に入ったイチローだったが、空振り三振に終わり、それがそのシーズンの最終打席となった。その翌日、イチローが選手登録から外れ、会長付特別補佐になることが発表される。

しかし、イチローにとってこれがキャリア最後のゲームではなかった。それ以降も普段通りの練習を積み重ね、出場機会を求めてきたから、2019年シーズンの開幕戦出場が叶ったのだ。イチローはそのことについてこう語っている。

「去年(2018年)の5月以降ゲームに出られない状況で、それを最後まで成し遂げられなければ、今日のこの日はなかった。記録はいずれ誰かが抜いていくと思う。去年の5月からシーズン最後までのあの日々はひょっとしたら誰もできないかもしれない、ささやかな誇りを生んだ日々だったんですね」

結果を求める前に、日々自分がやれるだけのことを貫徹する。そうすれば、必ず良いことが起こる。たとえシーズンに出場機会がなくても翌年のメジャー開幕戦のために日々ベストを尽くすというイチローのこの姿勢を学べば、どんな辛い仕事も心を込めて行う自分を発見できる。

プレッシャーを抱えて本番に臨もう

イチローの言葉26

「どんなときでも心に芽生えた重圧を背負ってそこに立つこと……これが僕の才能なのかもしれません」

（引退後に自分の才能について語った言葉）

スポーツ心理学の教科書には、「平常心でプレーすることにより、最高のパフォーマンスを発揮できる」と書いてある。しかし、平常心を身に付けて、それを維持することは聖人でない限り至難の業。

そもそも平常心でプレーすることなんて実戦という厳しい環境ではほとんど不可能であると考えた方がよい。スポーツを職業としているプロの世界では特にそうである。

あるとき、イチローはこう語っている。

「プレッシャーを取り除く方法？　簡単です。ヒットを打たなきゃいいんです」

イチローのような一流のアスリートほど、進んで自らにプレッシャーをかけて修羅場をくぐった方が良い結果が出ると真剣に考えている。

手に汗を握る緊張感を抱えながら結果を出すことをやり甲斐にしよう。それではプレッシャーのかかる緊迫した状況で結果を出すにはどうすればよいか？　理屈抜きに、修羅場をくぐる回数を増やせばよい。それ以外の具体策は見当たらない。

この世の中は紙一重の違いで勝者と敗者が決まる。敢えてプレッシャーという重圧を抱えながら結果を出すことをやり甲斐にする。これこそイチローのような一流の人間が行っている方策なのである。

「ゾーン」を呼び込むための心理状態を理解する

イチローの言葉27

「もっとも超えることが難しいのではないかと思うのが262です（中略）。この数字が僕に与えてくれた自信は計り知れないものでした」

（引退した後に自身が成し遂げたメジャー記録に触れて語った言葉）

イチローが2004年に記録したシーズン262安打は、たぶん今後破られることはないだろう。この年のイチローの成績は、704打数262安打、打率3割7分2厘。

この年にイチローが見せた凄さは、終盤のパフォーマンスの凄さにある。この年出だしの4月は打率2割5分5厘、ヒット数26安打という平凡なものだった。ところがシーズン後半の4か月の成績は、7月（51安打）、8月（56安打）、9月（50安打）、10月（50安打）とすべて50安打をクリア。最後の74試合の成績は打率4割3分3厘のハイペース。

イチローが達成した10年連続200安打を達成した10年の中でも次にヒット数が多いのが、ルーキーイヤー2001年の242安打、そして、次に高い打率は2009年の3割5分2厘であるから、このシーズン、いかにイチローが打ちまくったかがよく分かる。

スポーツ心理学で言う「ゾーン」は覚えておいてよい専門用語である。これは、自分でも信じられないくらい凄いパフォーマンスを発揮できる状態を指す。大抵の場合、ゾーンは1日で消えてしまうはかないもの。それを再現することはとても難しい。しかし、最新の研究により、徐々にそのときの状態が明らかになりつつある。

精神的・身体的にリラックスしている／自信がある／楽観的である／現在に集中している。

このような心理状態を維持して仕事にのめり込めば、必ずあなたにも「ゾーン」が訪れる。

自分が定めたルーティンを日々きっちりこなすことの大切さ

イチローの言葉28

「自分が日の丸を背負ったとはとても言えませんが、国のプライドを懸けて戦うことは今まで経験したことのない恐怖でした」

（引退した後に2009年に開催されたWBCでの重圧に触れて）

２００９年のＷＢＣの決勝戦におけるイチローの決勝打は野球界で語り継がれるシーンである。それを簡単に振り返ってみよう。決勝までのイチローの成績は打率２割１分１厘と絶不調。そして決勝戦である。

９回裏３―２と日本がリードする場面で、ダルビッシュ有が抑え投手として登板。優勝への期待が高まる中、まさかの同点に追い付かれてしまう。そして延長10回、２死２、３塁。イチローはファウルで粘る。そして８球目、林昌勇の高速シンカーにバットを合わせ、センターに弾き返し、４―３と逆転して見事に優勝を果たした。

試合後、イチローはこう語っている。

「個人的には最後まで足を引っ張り続けました。韓国のユニホームを着て、キューバのユニホームを着て、最後にジャパンのユニホームを着ることができました。そして、おいしいところだけいただきました。本当にごちそうさまでした」

どんな状況でも、あるいはどんなにスランプであっても、自分の定めたルーティンをきっちりこなし、淡々と目の前の作業にのめり込んでベストを尽くそう。絶対にあきらめてはいけない。イチローのそういう姿勢を学べば、あなたの身の上にも、突然すごいニュースが届けられる。

最重要の作業にたっぷり時間をかけよう

イチローの言葉29

「同じ言葉でも、誰が言っているかによって意味が変わってきます。だから、まず言葉が相手に響くような自分を作らなければならないと考えています（中略）。だからまずは黙って、やること。言葉を発するのはそのあとでいいんです」

（引退後に「言葉を発するときに大切に考えていること」に触れて）

批評することは一人前だが、行動を躊躇する人がいる。この人は決して一流の仲間入りはできない。組織の中で信頼を得るには、理屈抜きに黙々と行動を起こして、着実に成果を挙げること。

行動を起こした結果でしかフィードバックすることはできない。言い換えれば、いくら頭の中で戦略を練っても、行動によって導き出された戦略を超えることは到底不可能である。

あるとき、イチローはこう語っている。

「小さいことを積み重ねるのがとんでもないところへ行くただ一つの道だと思う」

現役時代のイチローは、私たちの目の前でいとも簡単にピッチャーの投げるボールをヒットにするシーンを何度も見せてくれた。しかし、この卓越した技は、もちろん一朝一夕で成し遂げられたものではない。

私たちの知らないところでイチローは「人生の時間」という貴重な資源のほとんどを野球に捧げてきた結果、ヒットを量産できるスキルを身に付けたのである。

あなたの仕事においてたっぷり時間をかけなければならない最重要の作業をピックアップして、その作業に人生のありったけの時間を注ぎ込もう。それこそ置き換えの利かない名人芸を身に付けるひょっとしたら唯一の方法である。

仕事から妥協と手抜きを葬り去ろう

イチローの言葉30

「そう思っていたのですが、実際には何も変わりませんでした。次に結果を出そうとする気持ちに何の変化もなかった。だから最後の試合の数打席、思い切ってバットを振ろうとか、何も考えずにやればいいとか、そんな自分はまったく現れませんでした」

（引退後に雑誌のインタビューで「やめると決めてからの数試合は今までの見え方と違っていたか？」という質問に答えて）

イチローが現役メジャーリーガーとして貫いたのが、徹底して「妥協」と「手抜き」を排除する仕事への向き合い方である。イチローは事実上最後の試合になったメジャー開幕戦の2試合をこの試合限りで引退すると決めて戦った。

私の大好きなイチローの言葉がここにある。

「自分にとって、満足できるための基準は少なくとも誰かに勝ったときではない。自分が定めたものを達成したときに出てくるものです」

こと野球に関してイチローは他人と競うことを極端に嫌った。あるいは成績によって上下する打率にもまったく無頓着だった。

たとえば、イチローが勝利を最優先することは言うまでもないが、「勝利の喜びが無安打の悔しさを超えることは絶対にない」と断言する。

自分が定めたものを達成したときの快感は何事にも代え難い。それは頻度に比例する。だから、大きな達成感を一度だけ味わうよりも、小さな達成感をたくさん味わう方が明らかに好ましい。

趣味や遊びはリラックスして楽しめばよい。しかし、こと仕事に関しては、最高のプロセスで最大の成果を挙げることが私たちに求められる。

自分を客観視すれば納得のいく人生を送ることができる

イチローの言葉31

「もちろん、充実した野球人生だったと思っていますし、ただその一方で、もっとできたことはあるという感触も残っていて、だから『こんなものか』という言葉が出たのだと思います。きっと、人として本当の死を迎えるときもそうなんじゃないですかね。『オレの人生、こんなものか』って……」

（引退後に雑誌のインタビューで自分の野球人生を振り返って語った言葉）

メジャーで何もかも成し遂げたはずのイチローが引退をしたとき、「（自分にとっての野球人生は）こんなものか」と総括したこの言葉はとても深い。

２０１９年のシーズン前のオープン戦の終盤で、イチローは引退を決意した。単純にメジャーで戦うための結果を残せなかったからだ。つまり、彼は日本で戦った開幕戦の２試合でメジャーリーガーとして幕を下ろすことを決めてバッターボックスに立ったのである。

イチローは引退を決意した理由を「この戦いに負けたから引退したんです。負けて終わりました」と表現した。潔く「メジャーで戦える力がない自分」を認めたことを「負けた」と表現したのである。彼の凄いところは**プロフェッショナルとして常に自分の力を客観視して絶対評価する態度を見失わなかった**こと。私の大好きなイチローの言葉がここにある。

「結果を残すことと同じように自分の信じたことを続けること。そのプロセスが大事。目標が達成できなくても、それに向かって頑張ることが大事」

もはや自分が定めたものを達成できなくなったから、「負けた」とイチローは表現したかったのかもしれない。イチローのように、日々冷静な目で自分を客観視することは、プロフェッショナルに不可欠な要素である。

最適な目標設定をしてそれに向かって邁進しよう

イチローの言葉32

「アメリカに行ってから戦ってきた敵は、まず〝200〟です。この数字とは常に向き合わざるを得ませんでした。日本で210本のヒットを打った1994年にはシーズン130試合でしたが、メジャーでは162試合あるわけで、そうなると〝200〟は絶対打たなきゃいけない数字になります」

（引退後に雑誌のインタビューで「イチローさんの人生、何と戦ってきたのか?」という質問に答えて）

イチローの偉大な数々の成績の中で最高のものは10年連続200安打で間違いないだろう。なかには、2004年に打ち立てたメジャーのシーズン通算記録262安打こそがイチローの最高の記録と主張する野球評論家もいるが、私は10年連続200安打の方を採用する。なぜならシーズン通算262安打は1年でクリアできるからだ。

2006年のシーズン、イチローはシーズン224安打を記録しているが、シーズン後こんなコメントを発している。

「200本を打つ直前、180本目から190本目を打つあたりが一番、苦しかったですね。体が自由に動かないいんですよ。プレッシャーで動きがおかしくなって、結果が出なくなる（中略）。それくらい追い込まれてしまうんですよ」

目標設定することにより、自分の到達すべきゴールが明らかになる。ベストを尽くしてかろうじて到達できる目標でなければならない。プレッシャーがかかることなく楽に達成できる目標では水準が低過ぎる。一方、シーズン途中で断念しなければならない難し過ぎる目標も早期に本人を挫折に追い込んでしまう。

あなたにとってイチローのシーズン200安打にあたる魅力的な年間目標を設定して、それに向かって邁進しよう。それがあなたに偉大な成果を与えてくれる。

第4章

「最善主義」を支えるポジティブ思考の力

目の前の瞬間に人生を懸けよう

イチローの言葉33

「バッターボックスでは二度と同じ体験ができない。同じピッチャーでも、同じ対戦はできないんです。全部が違う。同じボールなんて二度と来ない。これがバッティングの難しさなんです」

（バッティングの難しさについて語った言葉）

現役時代のイチローはバッターボックスに立ったときに、その目の前の一瞬に人生を懸けていた。考えてみれば、人生とは目の前の一瞬にしか存在しない。だから、その一瞬にベストを尽くすことこそ、私たちに求められる。

たとえ目の前の作業が飽き飽きするような単純作業でも、そのときどきで作業は違う。いかに敏感にその違いを察知して適応力を発揮するか。プロフェッショナルなら、そのとき、真価が問われる。

過去も未来もすべて葬り去って目の前の一瞬の作業に命を懸ける。この覚悟さえあれば、私たちは凄いパフォーマンスを発揮できる。要は、そういう心構えを持つこと。うまくいけばそれでよし。うまくいかなければその原因を深く探って、次の一瞬の行動に修正を加えて行動を起こす。仕事とはその連続体なのである。

このことに関して、自己啓発の大家、エメット・フォックスはこう語っている。

「これからの1時間、自分は何を考えるか、それを決めるまで、あなたは絶対に幸せになることはできない」

自分の全人生がこれからの1時間に凝縮されていると考えてみよう。それだけで私たちは驚くような成果を挙げることができるようになる。

自分の分身である道具を丁寧に扱おう

イチローの言葉34

「道具を大事にする気持ちはうまくなりたい気持ちに通じる」

（道具へのこだわりについて語った言葉）

現役時代のイチローにとって、バットやグラブ、それにスパイクは身体の一部になっていた。バットやグラブは自分のこだわりをすべて満たしたものであったし、スパイクは究極まで軽量化されていた。

イチローが道具を大事にしていたというエピソードが、ここにある。オリックス時代の１９９６年、対近鉄戦で小池投手に三振に討ち取られたとき、思わず悔しさのあまりバットを地面に叩きつけたことがあった。

そのことを悔やんで、イチローはバットの製作者である久保田五十一（いそかず）さんにお詫びの手紙を送っている。イチローがいかにバットを大切にしていたかを物語るエピソードである。

アメリカの大手スポーツ用品メーカーがすごい条件でイチローにアプローチしたこともあるが、もちろん頑として彼はその申し出を断ったという。

あなたにとって、イチローのバットやグラブにあたる大切な道具は何だろう。それはパソコンや筆記用具かもしれない。あなたの分身であるお気に入りの文房具やＯＡ機器を大切に扱おう。これこそ**良質の仕事をする上で不可欠な基本要素**である。

仕事を依頼してくれる人を感動させよう

イチローの言葉35

「成績を残すだけでは、なんかつまらないですよね。技術的に言えば、絶対に人がヒットにできない球をヒットにした時、僕にしかできないような技術を見せられたときっていうのは、気持ちがいいです」

（普段仕事において心掛けていることに触れて）

これからの時代は誰でもできる仕事はＡＩにとって代わられ、置き換えの利かない名人芸を身に付けた人間だけが生き残れる時代になる。イチローの芸術的なヒットを目の前で見るために、ファンは感動を求めてボールパークに足を運んだのである。

彼らに自分にしかできない名人技を見せたいという気持ちがイチローを一流に仕立てたことは間違いない。「ヒットを1本でも多く打ちたい！」という自分のための目標から、あるとき、「ファンを感動させるようなヒットを打ちたい！」という思いに変わったとき、イチローは一つ進化した。

これからの時代は、「感動」がプロフェッショナルにとっての重要なテーマになるだろう。言い換えれば、仕事で周囲の人たちを感動させることのできない人間はいずれ葬り去られる運命にある。もっと言えば、**仕事における一番のやり甲斐を誰かを感動させることに求めることができる人は大成するのだ。**

どんな仕事でもその仕事を注文をした人を感動させることができる。それはサービス業やセールス担当の人たちにとって顧客の笑顔かもしれないし、企画・開発部門の人たちにとっては顧客を感動させるアイデアを生み出すことかもしれない。

仕事を通して自分の顧客を感動させたとき、あなたは一つ進化したことになる。

探究心を持って仕事にのめり込もう

イチローの言葉36

「打てば打つほど、分かってくれば分かってくるほどバッティングは難しくなる」

（自分のバッティング観について語った言葉）

現役時代のイチローのやり甲斐は、「技を究極まで高めること」だったことは論をまたない。言い換えれば、**「自分の限界にチャレンジする」ことが、彼を本気にさせていたといえる。**これこそ探究心そのものである。人並み外れた探究心を発揮したから、彼はすごい能力を身に付けたのだ。

これはビジネスの世界にも立派に通用する。他のことには目もくれないで、ただひたすら仕事の井戸を深く掘り続けよう。これを〝探究心〟という。

現役時代のイチローは試合が終わるとベンチ裏のビデオルームに閉じ籠もり、自分の全打席のバッティング・フォームを繰り返し録画して観賞する習慣を身に付けていた。自分にしか分からないスイングの微調整を行うためである。

あるとき、イチローはこう語っている。

「僕はいろんな野球の動きが全部できないといけない選手なんです。それを全部やるつもりでいるし、実際には全部できます」

探究心を持ちながら、どれだけ深く仕事の井戸を掘っていくかが問われるのだ。それこそ、名人芸を身に付けて一流の仕事人になるための生命線である。

自分独自の練習メニューを実行する

イチローの言葉37

「野球界では『練習は裏切らない』と言われますけど、練習は裏切ります。錯覚を与える場合があるんです」

（練習の効果の限界について語った言葉）

日本人ほど練習に精を出す国民を見い出すのは、とても難しい。言い換えれば、何も考えないで練習さえしていれば、上達するという神話が日本では幅を利かせている。

あるとき、イチローはこうも語っている。

「同じ練習をしていても、何を感じながらやっているかで、ぜんぜん結果は違ってくるわけです」

たとえば、同じ球速のピッチングマシーンで練習して打ち返せたとしても、それは実戦では使えないと、イチローは言う。なぜなら生身のピッチャーはいろいろなことを考えながらバッターの嫌がる球を投げてくるからだ。これでは状況判断という能力はまったく鍛えられないというわけだ。

ビジネスの世界でも、自分流のやり方を練習に取り込むことにより、初めて成果として返ってくる。だから口が裂けても、「これだけ練習しているのに……」という愚痴を吐いてはならない。自分が能無しであることを周囲に公言しているようなものだ。

そのときどきの状況判断を注意深くしながら、自発的な練習を積み重ねよう。もちろん、その結果をフィードバックして次の意味ある練習につなげていく。その繰り返しにより、あなたは着実に成長していける。

人生の軸を明確にして、一貫性のある生き方をしよう

イチローの言葉38

「僕、一貫性がないの、嫌いなんです」

（自分の生き方の哲学について語った言葉）

イチローのような一流の人間ほど、「一貫性」のある生き方に徹することができる。ここでイチローの一貫性を象徴する事実を以下に列記してみよう。

・コーチのアドバイスを受け入れることができなかったら、拒否する勇気を持っている
・むやみにほかの選手と群れない
・結果にはまったく無頓着であり、徹底したプロセス志向を貫ける

これは、私たちの生き方にもまったく適用できる。人生を通して一貫性のある生き方をしよう。一流のアスリートの共通点は「持論系モチベーション」を強烈にアピールする一握りの集団であること。彼らのように、**持論を主張してそれに忠実に生きることにより、人生は断然面白くなる。**

イチローだけでなく、ダルビッシュ有投手、田中将大投手、サッカーの本田圭佑選手は堂々と自分の思いを主張してそれを行動に移すことができる。だから一流なのである。

ときどき自分のやっている仕事に、一貫性があるかどうかのチェックを行うことを忘れないようにしよう。それだけでなく、一貫性から外れていることには極力手を出さないように普段から自分を監視し続けよう。人生の軸を明確にして、「一貫性」を貫くことにより、あなたはすぐに一流の仲間入りができるようになる。

「努力」という言葉を封印しよう

イチローの言葉39

「自分のやっていることは、理由があることでなくてはいけないと思っているし、自分の行動の意味を、必ず説明できる自信もあります」

（2004年に仕事への取り組み方について語った言葉）

現役時代のイチローのように、難しい仕事を当然にやってのけるには、面白くないルーティンワークを自発的にやるしかない。考えてみれば、やらされている仕事ほど辛いものはない。同じ内容の作業でも、自発的に進んで行う作業と、上司から指示されてやらされている作業とでは、取り組む際のモチベーションがまるで違う。

同じ作業を与えられても、嫌々作業に取り組む人と、自発的に生き生きと作業に没頭する人に分かれる。どうせやらなければならない作業なら、工夫して「自発的に取り組む感覚」を育てよう。もっと言えば、その気になれば、どんな作業でも自発的に行うことができるようになる。

「なぜこの作業は存在しているのか？」とか、「この作業をやれば誰が喜ぶのか？」といったことを考えながら目の前の作業にのめり込めば、案外自発的に仕事に取り組めることにあなたは気付くはずだ。

本来、努力という言葉には、やらされている作業に対して自分を鼓舞して行うというニュアンスが見え隠れする。心の中から「努力している」という感覚を葬り去ろう。面白くない作業も自分のやり方を盛り込めば面白くなる。それだけでなく、どんなことでも自発的にやることにより、人生はもっと楽しくなる。

達成感を強烈な快感にしてしまおう

イチローの言葉40

「そもそも気楽に打席に立ちたいとは思っていませんからね。それが、楽しいとも思わないですけど、僕は達成感を味わいたい。そのためには常に何かに立ち向かっていかなければならないのは当然のこと」

（仕事への取り組み方について語った言葉）

達成感こそ一流の人間のエネルギー源である。著名な心理学者E・E・ローラーが打ち立てた「期待説」は一流の人間だけが駆使している強烈な成功法則である。

彼は「人間は四つのステップにより成長していける」と説いた。それらの最初のステップが「努力」、2番目が「成果」、3番目が「報酬」、そして最終ステップである「達成感」に到達するのである。

もしも期待通りのものが獲得できなかったら、必ず努力という最初のステップに戻ってそのループを回し続けるわけである。3番目のステップまでは人間以外の動物、たとえばオットセイやチンパンジーもループを回せる。むしろこれらの動物の方が手抜きをせずに努力し続けることができる。しかし、これらの動物は餌という報酬を与えた時点で満足してそこで止まってしまう。

その点で、人間は違う。人生の早い段階で生涯かけても使いきれない莫大な報酬を手にしてしまったイチローが、なぜあれほどシーズン200安打にこだわり続けたのか。それこそ、自分にとっての達成感という快感を味わいたかったからであると、私は考えている。

仕事の中の小さな達成感を繰り返し感じる工夫をすれば、あなたはイチローのような凄い能力を手にすることができるようになる。

仕事の井戸を深く掘り続けた人だけが仕事の面白さを実感できる

イチローの言葉41

「これをやっとけば大丈夫だっていうものが、動いていくんですよ。それがバッティングだと、僕はそう思っている。だから答えがないし、終わりがない。これをやっておけばいいと思うことがないから」

（バッティングの難しさについて語った言葉）

イチローが本格的に野球を始めたのは、小学3年生のときだという。バットコントロールという一つのテーマで現役生活を通して追求してきたはずのイチローでさえ、まだ課題はたくさんあるという思いがこの言葉に滲み出ている。

仕事の井戸を掘れば掘るほど、新しい課題が湧いてくる。プロの仕事というのはそういうものである。解決できたと思ったら、また新しい課題が生まれてくる。それが仕事の本性である。だから仕事は面白い。

仕事は生き物。日々刻々変容する。事態が急変することもある。むしろ並の人間ほどちょっとうまくいっただけで浮かれて努力を止めてしまう。常識を潔く葬り去って思索に思索を積み重ねよう。そうすれば、あなたは着実に成長できるし、仕事自体も面白くなる。

一芸を極めた人間は、他の人間に分からない面白さを知っている。うまくヒットにできたからといって、次の打席でそれが再現できる保証は何もない。なぜなら、ピッチャーの投げるボールで一つとして同じボールは存在しないし、どんなボールが飛んでくるかはピッチャーが投げない限り予測がつかないからだ。

プロの仕事という複雑な多元方程式を読み解くことこそ、仕事の面白さなのである。

リスクを冒して欲しいものを手に入れよう

イチローの言葉42

「周りにはやばい、と思われながらやっていく。そんな感じがちょうどいいんじゃない？　あいつなら心配ないよ、と思われているなんて自分としては全然面白くない」

（自分の仕事への取り組み方について語った言葉）

常識からはみ出して、発言したり、行動することは、なかなか難しい。上司の指示に従い、控え目で慎ましい生き方が好まれる。しかしそれでは、決して充実した人生を送ることなどできない。

社交の場ならまだしも、ビジネス社会においては、あえて自分らしさを出して規格外の人間になればよい。慣習に馴らされてはいけない。安全運転は車を運転することだけに留めて、**ときには思い切ってリスクを冒してみよう。**与えられたことをやっていればそれでよい良き時代は、すでに20世紀に終焉を迎えている。

21世紀はリスクを冒して獲物を取りにいく時代なのである。石橋を叩いて渡る安全な人生なんて面白くもなんともない。だから、もっとダイナミックに生きよう。もはや開拓される分野は残っていないように見えるが、実際はそうではなく、新しいものが加速度的にどんどん生まれている。果敢に未開拓ゾーンに足を踏み入れて、その感触を確かめよう。

自発的に自らの人生に変化を起こそう。変化は起きるものではなく起こすもの。変化しない人生は安易かもしれないが、それでは臨終の床で悔いだけが残る。今日から充実した人生を送るために革命的な変化を自ら起こそう。そうすれば、どんな結果に終わってもあなたは充実した人生を送ることができるようになる。

常識や固定観念を潔く捨て去ろう

イチローの言葉43

「既存の常識や固定観念をどれだけ変えていくことができるのか。それは、現役の選手がやらなければならない仕事なんです」

（現役選手にとって大切なことに触れて語った言葉）

教科書に書いてあるお手本をいくら学習しても、決して一流の人間の仲間入りはできない。一流とは自分の個性を発揮することだけに命を懸けた人のことをいう。現役時代のイチローもまさに自分の個性を発揮することに全力を尽くしたから偉大なメジャーリーガーの仲間入りができたのだ。

だから、あなたも学習することをいったん止めて、自分の個性を発揮することだけに意欲を注ごう。過去のデータを頭の中に詰め込むと、そのデータに縛られて創造性が引っ込んでしまう。現役時代のイチローは、過去のデータを潔く葬り去って真っ白な状態でバッターボックスに立ったからヒットを量産できたのだ。

創造性とは何も偉大な発明・発見をすることではない。日常生活の中で、敢えて常識を捨てて思索を張り巡らす習慣を身に付けよう。もっと言えば、**創造力とは常識を捨てて思索する行為そのものを指すのだ。**

いくら才能に満ち溢れていても、固定観念を持ち続ける限りその他大勢から抜け出すことなどできない。敢えて常識を外して行動してみよう。そういう習慣を身に付けるだけで仕事における新たな独創性を発揮できるようになる。

報酬者を満足させることにより仕事はがぜん楽しくなる

イチローの言葉44

「やらされる練習じゃなければ、いろんなことがうまく回っていきます」

（練習への取り組み方について語った言葉）

別のところでも少し触れたが、何事も自発的にやることが大事である。プロの仕事というのは、面白い仕事なんかほとんど存在しないと考えた方がよい。日々飽き飽きするような単純作業の繰り返し。それこそプロの仕事そのものである。

それでは、内容の面白くない仕事でも自発的なやる気を高める工夫はないだろうか？それは仕事を自分磨きの対象として捉えればよい。

あなたの仕事が存在するのは、その仕事に社会のニーズがあるからだ。なければとっくの昔にその仕事は消滅しているはず。仕事には必ず報酬者という人がいて、その人が自分の仕事にせっせと報酬を支払ってくれる。

彼らの支払う報酬の対価に見合うだけの仕事をすることに努めよう。これをやりがいにすれば、仕事の質は着実に高まるし、あなた自身も仕事を通して名人芸を身に付けることができるようになる。

長いキャリアを通じて培ったイチローのバッティング・コントロールという名人芸はあなたの仕事にとって何にあたるだろう？ときどきそんなことを考えることにより、あなたは自発的に仕事にのめり込める自分自身を発見できるようになる。

何事も人に頼ることなく自分自身で決断しよう

イチローの言葉45

「僕に誇れるものがあるとすれば、難しい局面になった時には、必ず、自分で決めてきたこと」

（2012年12月にニューヨーク・ヤンキースと契約更新した時に語った言葉）

この言葉からも、マリナーズからヤンキースへの移籍を最終的に決めたのは、イチロー自身であることが分かる。一流の人間ほど自分の人生をコントロールしている。

残念ながら、多くの人々は周囲の環境に安易に流されてしまい、自分の決断を鈍らせてしまう。しかし、あなたが思うほど誰もあなたのことなんか考えていない。みな自分のことで精一杯なのだ。

だから、以下のことを考えながら自分らしく生きてほしい。

「現在の業務は自分にとって天職か？」

「組織内で配置転換してほしいポジションはどこか？」

「自分の10年後はどんな仕事に就いているか？」

誰でも必ず何度か人生の岐路にぶち当たる。そこで周囲の意見に流されて渋々意に沿わない選択をするか、それとも自分の決めた道を歩むか。その違いはあまりにも大きい。

その選択が正しかったか、正しくなかったか。それはあなたが人生を終えるまで分からない。

だから、たとえ選択が間違ってもいいから、自分自身で決断することを優先しよう。これこそ人生を幸福に導く切り札となる。

失敗の数を誇れるようになって一人前

イチローの言葉46

「4000のヒットを打つには、ぼくの数字で言うと、8000回以上は悔しい思いをしてきているんですよね。それと常に、向き合ってきたことの事実はあるので、誇れるとしたらそこじゃないかと思いますね」

（日米通算4000本安打を記録した後、自分のキャリアを振り返って語った言葉）

この言葉には、自らの野球人生において、「失敗こそこれまでの飛躍のヒントを与えてくれた要素」であり、「失敗を繰り返してきたからこそ偉大な記録を残すことができた」という思いが込められている。

成功ではなく、失敗を繰り返すことによって自分は進化していける。そう思えるようになって、はじめて私たちの潜在能力が働き出す。もちろん、ただ漫然と失敗するだけでは得られるものは何もない。凡打に終わっても、そこから何かをつかみとるために、失敗の理由を納得できるまで深く考えたから、イチローは絶え間なく進化することができた。

つまり、失敗の中にこそ、進化のヒントがたくさん潜んでいるのだから、失敗することに私たちは感謝しなければならない。失敗することなく成し遂げたことなんてたいしたものではない。だから、失敗して挫折している暇があったら、その失敗をより良い失敗に変えていく作業を積み重ねよう。

もちろん、失敗を繰り返してもモチベーションを下げてはならない。神は、その人間に失敗を与えることにより、繰り返し失敗してもあきらめずにチャレンジし続けられるかどうかを試している。そう考えれば、失敗することはまんざら悪いことではない。失敗の数を誇れるようになって私たちは一人前なのである。

第5章

逆境を成長のバネにする
イチローの心理

困難な状況を克服することをやり甲斐にしよう

イチローの言葉47

「僕が待っているのはあそこ。初球はど真ん中（の直球）ですが、それを待っている僕がいるとしたら、たぶん僕はこういう感じにはなっていないでしょう」

（スプリットを武器とするペラルタ投手の投げた球をワンバウンド寸前で弾き返してヒットにした２０１４年のゲームの後に語った言葉）

現役時代のイチローは、相手投手の失投を待つのではなく、最高の球をヒットにすることをやり甲斐にしていた。つまり、**「ヒットにするのがもっとも難しい球をヒットにすることを課題にしたなら、それ以外の球は黙っていてもヒットにできる」**という考え方である。

一方、並の打者は、常に投手の失投を待っている。そして、それをヒットにすることで満足してしまっている。これではスキルを進化させることなどほとんど期待できない。

2003年のオールスター戦の第1打席のことを振り返ってイチローはこう語っている。

「ほとんど見たことのないナ・リーグ最高のピッチャーが投げてくる第1球、もしくはファーストストライクというのは最高の球のはずです。その球に対してスイングしようとする自分がいる。しかもスイングできる自分がいること、そういう自信をつかむためにあえて振りにいくんです」

これをビジネスに置き換えたらどうなるだろう? もしも、あなたがセールスマンなら、なかなか成約できない大口の顧客に成約の印鑑を押させるプランを練ってみよう。あるいは、あなたが開発部門の担当者なら、組織を革命的に変える発想を出すことに努めよう。

そうすれば、成約は面白いように決まるし、革命的ではないにしても、斬新なアイデアが自然に湧き上がってくる。

これがスランプになったときの心構え

イチローの言葉48

「肉体のストレスなんか大したことないんです。要はメンタルのストレスで疲れは決まる。毎日2本、3本とヒットが出れば、疲れるはずなどない。1時間のマッサージより、1本のヒットがストレスを解放してくれるものです」

（2011年シーズン後に、200安打の連続記録が途切れた理由について語った言葉）

現役時代のイチローにとっての大敵は「技」や「体」ではなく、「心」だった。スポーツの世界では、レベルが高くなればなるほど心の状態の影響が大きくなる。

もっと言えば、接戦が当たり前のプロスポーツの世界では、メンタルスキルの優劣が勝敗の大きなカギを握っている。イチローのような一流のアスリートは、スランプというストレスのかかる困難な状況ほど自然体で平常心を維持して淡々と作業を行うことができる。一方、並のアスリートは、ストレスに押しつぶされて本来の実力を発揮することができない。

これはビジネスの世界でもまったく通用する。順風満帆のときは放っておいてよい。ただし、そのことに浮かれてはいけない。変わらず好ましいムードを維持してその好調さを持続することに努めよう。

問題はスランプのときである。決して焦ったり、うろたえたりしてはいけない。私は自らが指導するプロゴルファーにピンチやスランプに陥ったときに、「慌てず、焦らず、あきらめず」というメッセージを自らに繰り返し唱えることの大切さを説いている。**どんなスランプやピンチの状況に陥っても、「命まで取られるわけではない」と開き直って、最高の精神状態を維持して淡々と目の前の作業をこなす。**そういう姿勢があなたに順風満帆という好ましい結果をプレゼントしてくれる。

逆境でも自信を心に満たしてベストを尽くそう

イチローの言葉49

「『できなくてもしょうがない』は、終わってから思うことであって、途中にそれを思ったら、絶対に達成できません」

（普段から心掛けていることについて語った言葉）

行動する前に結果について考えてはいけない。壮大な夢を抱きながら、その実現を目指して目の前の一瞬でベストを尽くす。これがイチローのような一流のアスリート特有の思考パターン。

チャンピオンと並のアスリートを隔てているのは才能の違いだけではない。心の中の自信の量の違いも両者のパフォーマンスを隔てている。つまり、チャンピオンとは、異常なほど自信満々の人間のことをいう。

ここで自信満々と自信過剰の違いに触れておこう。自信過剰とは、努力することなく大風呂敷を広げる人間のことをいう。イチローのような自信満々の人間は、並の人間が、「これは実現不可能!!」という高みに果敢にチャレンジすることができる。

順風満帆のとき、自信の量は一流の人間も、並の人間もあまり変化は認められない。問題は逆境に見舞われたとき。イチローのような一流の人間は、どんな状況でも自信の量が変化しない。相変わらず黙々と自分が定めた目の前の努力を積み重ねることができる。

一方、並の人間は簡単に自信喪失してふさぎ込み、行動することを止めてしまう。

それが両者の決定的なパフォーマンスの違いを生み出している。**どんな状況でも自信満々で日々ベストを尽くす。**これこそ一流の人間の共通点である。

イチローの言葉50

「僕なんて、まだできてないことの方が多いですよ。でも、できなくて良いんです。だって、できちゃったら終わっちゃいますからね。できないから、いいんですよ」

（メジャーリーガーになって進歩しているかについて語った言葉）

現役時代のイチローは、困難なことに立ち向かうことを生き甲斐にしていた。それだけでなく、その困難をなんとしても克服しようという強い意欲をもって目の前の作業にのめり込んだ。つまり、彼は成長欲求が突出して強い人間だったのだ。

選手時代、イチローは逆境になればなるほど燃えた。失敗を繰り返しても絶対に降りなかった。もちろん、〝あきらめる〟とか〝妥協する〟という言葉は彼の辞書になかった。

逆境になればなるほど、イチローはその打開策について徹底的に考え抜く覚悟を持っていたのだ。だから、逆境で挫折している暇なんかない。

イチローにとっては、逆境を克服することや、困難なことに立ち向かうことはやり甲斐であり、結果的に逆境でベストを尽くすことこそ本懐と考えることができた。これこそ、イチローのような一流の人間に共通する資質である。

たとえ困難が目の前に立ちはだかっても、自分が定めたゴールにたどり着くまでチャレンジすることを止めないようにしよう。

その報酬はお金でも名誉でもない。成長というご褒美が私たちを本気にさせてくれ、人生を充実したものに変えてくれる。

一流の人間ほど不安や恐怖を抱えながら生きている

イチローの言葉51

「よく、『去年より強くなった』みたいなことを言うアスリートがいるじゃないですか。ああいうの、本当にうらやましい。そんな感覚になったことないんです、僕。強くなんかなれないですよ。年々、感じる恐怖が大きくなっていくことはあっても」

（仕事における恐怖心について語った言葉）

不安や恐怖を抱くことは必ずしも悪くない。むしろ自らをレベルアップさせるためには、不安や恐怖を感じながらベストを尽くせばよい。もっと言えば、不安や恐怖を持ちながら生きてきたからこそ、私たちの祖先はたくましく生き延びてきたといえる。

実際に不安や恐怖を抱くことにより、私たちは頑張れるのだ。米イリノイ大学のヤング・キム博士は、２８３名の大学生に数学のテストを実施した。そして「あなたの成績は良くなかった」とウソの報告をしたグループは、そうでないグループよりも明らかにそれ以降、精力的に勉強に励んだという事実が判明した。つまり、彼らは不安を感じて、それを打ち消すために更なる努力を積み重ねたのである。

イチローは、メジャーデビューの２００１年から２０１０年までの10年連続２００安打という偉業を達成したが、「シーズン２００安打」という目標を達成する直前は、不安と恐怖が襲ってきて眠れない日々を送ったと語っている。

つまり、**不安や恐怖は困難な状況を克服するときに湧いてくるもの**。言い換えれば悩みのない人間は不安や恐怖とは無縁なのである。趣味はともかく、こと仕事においては、くよくよ悩めばよい。一流の人間ほどくよくよ悩みながらそれを解決していく。困難な状況から逃げてはいけない。才能は悩みを抱えることにより育っていく。

「スランプを飛躍のヒント」として捉えてみよう

イチローの言葉52

「僕の中のスランプの定義というのは、『感覚をつかんでいないこと』です。結果が出ないことを、僕はスランプとは言わないですから」

（自分なりのスランプの定義について語った言葉）

この本の他のところでも少し触れているが、現役時代のイチローは、典型的なプロセス志向を貫き、結果にはまったく無頓着だった。あるときに、イチローは「スランプこそ絶好調！」という難解な言葉を発している。しかし、一見意図を測りかねるこの言葉は、イチローにとっては嘘偽りのない真意である。

スランプに陥ったとき、彼の頭が冴え渡り、ひらめきや直感が次々と連想ゲームのように浮かび上がってきたはずだ。つまり、彼にとっては、「感覚を失っているときにしか好調はあり得なかった」のである。

一方、何事もうまくいった絶好調のときには、得るものはほとんど何もない。つまり、順風満帆のときは放っておけばよく、そこから学ぶことは何もないのだから、ただその勢いに乗って前進すればよい。

打てないことは、イチローにとっては、明らかに良くない事実である。しかし、その**良くない状況の中に飛躍のヒントが潜んでいる**。だから、彼は「好機到来！」と、心の中で叫んで必死になって打開策を生み出すことにのめり込めた。

現役時代のイチローのように、「スランプこそ絶好調！」を口癖にして、うまくいかないときこそ、その原因を深く探る姿勢で臨むことが、あなたを進化させる起爆剤になる。

どんなに困難な状況でも、弱みを見せてはいけない

イチローの言葉53

「こんなに苦しいのは自分だけか、と思うこともたくさんあります。それを見せるか見せないかの話です。みなさん、僕のことは、疲れていないと思っていませんか？」

（自分の内面について素直に語った言葉）

一流の人間ほど弱みを見せない。現役時代のイチローは、内野安打を打って全力で一塁ベースを駆け抜け、間一髪でセーフになったケースが多々あった。たぶんゲームを終えて自宅に向かう一人きりの状態になったときには、イチローはグッタリしていたのかもしれない。しかし、肝心の仕事の現場において、彼が疲れた態度を見せることはなかった。

パフォーマースキルは成功者にとって必須のスキル。チャンピオンはうまくいかないときや疲労困憊のときほど堂々としている。強い自分を演じ切っているわけである。常に強者を演じることにより真の強者になってしまう。

一方、並のアスリートは自分に驚くほど忠実である。疲れたら疲れた表情をするし、うまくいったら狂喜する。パフォーマースキルという能力が欠落しているから、自然に好ましくない態度や表情を示してしまう。しかしそれでは厳しい競争社会で勝ち残ることなどできない。

並のアスリートは実力が付いたらチャンピオンになれるという淡い願望を抱きながら努力を積み重ねる。しかしそのアスリートは決してチャンピオンにはなれない。一流の人間は、最初からチャンピオンのように振る舞うからそうなれるのである。

仕事の壁があることに感謝しよう

イチローの言葉54

「一番不幸なことというのは、何もつかめないことなのか、それともすべてをつかめることなのか、どちらなのかを考えると、僕はすべてをつかめてしまうことのほうが不幸だと思っています」

（雑誌のインタビューで、「なぜ壁があっても楽しめるのか？」という質問に答えて）

簡単に会得できるものなんてたいしたものではない。努力を積み重ねてもなかなか会得できないものこそ本物なのである。

前にも少し触れたが、うまくいったときは、放っておけばよい。そこから得るものは何もない。強いて言えば自信が付くくらい。

失敗したとき、それはあなたが進化するチャンスである。うまくいかないときほど、粘り強さと平常心を維持して、その原因を深く探りながら努力を積み重ねよう。そのとき、あなたの脳は相当高いレベルにあるのだ。もちろん、うまくいったときには、自分の能力の高さを確信して、自信を深めよう。

簡単に手に入るものは、たとえ、それが手に入っても感動を得られない。なぜなら努力した手応えが希薄であるからだ。

一方、悪戦苦闘の末に欲しいものが手に入ったら、その感動は何にも代え難い。仕事の最重要な案件は、大抵時間をかけて本気で取り組まないと解決しないもの。だから、たとえうまくいかなくても壁があることに感謝して、地道に努力を積み重ねよう。それがあなたに大きな壁を乗り越えさせてくれる。

イチローの言葉55

「負けが続くとどうしても何か変化したいという気持ちが出てきます。でも、長いシーズンを勝ち抜くためには、そこでガマンしなくちゃいけないんです」

（2004年シーズン、低迷しているチーム事情について語った言葉）

一流と並の人間の違いは順風満帆のときにはあまり現れてこない。問題はうまくいかないとき。並の人間は良くない結果に過剰反応してモチベーションレベルを落としてしまう。

一方、イチローのような一流の人間は、どんな状況でも、自分の信念を貫くから仕事に取り組む姿勢はまったく変わらない。もちろん、自分の軸を崩すこともない。

ちょっとした逆境に見舞われただけで、並の人間は信念がすぐに揺らいでしまう。だから、すぐに現状を投げ出して変化を求めたがる。しかし、それでは状況はますます悪くなってしまう。

敢えて自分の抱いた信念を貫き通そう。そうすれば必ず暗いトンネルから抜け出せる。他人がなんと言おうと、ただひたすら自分の信念を貫けばいい。日本を代表するプロサッカー選手・本田圭佑選手は、あるときこう語っている。

「何で他人がオレの進む道を決めんねん。自分の道は自分で決める」

あなたは自らの人生の総合プロデューサー。誰もあなたの人生の責任を取ってくれない。**あなたの人生の主役は百パーセント、あなた自身であることを片時も忘れてはならない。その心構えがあれば、たとえ人生が不運の連続であっても、納得した人生を歩むことができるようになる。**

ストレスがかかる辛い状況を楽しもう

イチローの言葉56

「記憶に残っているのは、上手くいったことではなくて、上手くいかなかったことなんですよね。その記憶が強く残るから、ストレスを抱えるわけですよね」

（自分のキャリアを振り返って語った言葉）

ストレスを多くの人々が悪者扱いにする。しかし、ストレスがかかるからこそ、人生は面白い。そう考えてみよう。

たとえば、順風満帆に事が運んで成果が上がった。それはそれで喜ぶべきことである。しかし、残念ながらそこから得られることはあまりない。

スポーツ界のみならず、ビジネス界においても楽勝なんてほんのわずか。ほとんどは接戦の連続なのである。だから、ストレスを避けては通れない。ストレスはエネルギー源。適度なストレスを抱えて仕事することを快感にしよう。

あるいは、大勝や惨敗から学ぶことは少ない。一方、**接戦で勝ったり負けたりするときには、その戦いの中に貴重なヒントが潜んでいる。それだけでなく、接戦では間違いなくモチベーションが上がっている。**

ストレスのかかる辛い状況は自分がタフになるために不可欠な要素であると考えよう。あるいは、困難な状況を通して成長していく喜びを敏感に感じられる人間になろう。

そういう思考・行動パターンを確立することにより、あなたはイチローのように、メンタル面でタフな人間に成長するだけでなく、どんな困難でもそれを力に変える人間に変身できるようになる。

自分に期待すれば、凄い成果を挙げることができる

イチローの言葉57

「誰よりも自分が（自分の活躍に）期待しています。（メジャーでやっていく）自信がなければ、この場にいません。プレッシャーがかかる選手であることが誇りです」

（２０００年11月19日マリナーズの入団会見で語った言葉）

2001年シーズン、イチローは鮮烈なメジャーデビューを飾り、メジャーファンの度肝を抜いた。692打数242安打、打率3割5分、69打点、56盗塁というルーキーとして凄まじい成績である。

この年、イチローは首位打者、最優秀新人、盗塁王、リーグ最多安打、シルバースラッガー賞、ゴールデングラブ賞という数々の賞を獲得した。

「期待欲求」は私たちに偉大な才能を授けてくれる起爆剤になる。イチローは異常なほど自分に期待したから、数々の偉大な記録を達成したと、私は考えている。

確かに、他人の期待に応えることも成果を挙げることに貢献してくれるかもしれない。しかし自分に期待することのパワーには遠く及ばない。「自分の期待に応える」という意識を持つことにより、私たちは爆発的なパワーを発揮できるのだ。

他人の期待は無責任である。調子が良いときは精一杯期待してくれるが、いったんスランプに陥ると、まるで潮が引いたように期待されなくなる。しかし、自分への期待ならば、成績にはまったく関係なく持続できる。

スランプになればなるほど、なお一層自分に期待してベストを尽くす。この意識が私たちを一流の人間に仕立ててくれる。

プレッシャーの正体を理解しよう

イチローの言葉58

「ドキドキする感じとか、ワクワクする感じとか、プレッシャーのかかる感じというのはたまらないですね、僕にとって。これが勝負の世界にいる者の醍醐味ですからね」

（プレッシャーの捉え方について語った言葉）

プレッシャーは、「本人が勝手に引き起こした心の緊張状態」と定義できる。本来プレッシャーなんて実在しない。その証拠にまったく同じ状況でも、チャンピオンと並のアスリートの心理状態はまるで違う。

チャンピオンは、プレッシャーを優れたパフォーマンスを発揮するエネルギー源と捉えることができる。だからプレッシャーを楽しめる。

一方、並のアスリートはプレッシャーのかからない状況では、チャンピオンにひけをとらないパフォーマンスを発揮できる。しかし、ピンチが訪れるとその状況に過剰反応するあまり、プレッシャーがかかりガチガチになって、結果潜在能力を発揮できない。

なぜ現役時代のイチローはヒットを打っても凡打になろうとも一喜一憂しなかったのか。それは彼が目の前の一瞬に意識を集中させることに努めたからだ。だから、雑念を葬り去ってピッチャーの投げるボールに意識を絞り込んでそのボールをヒットにする作業だけに専念できた。

どんな状況でも、過去や未来の思考を潔く葬り去って目の前の作業を最高のものにすることだけに専念する。そういう姿勢を持てば、プレッシャーを感じることなく自らの潜在能力を目一杯発揮できるようになる。

イチローの言葉59

「僕は風邪にも弱い、憂鬱にもなる……。不調の時は『仕事なんだ』、『責任がある』と奮い立たせるんです」

（2005年の年頭、心身の管理について語った言葉）

現役時代のイチローは、苦しいことや困難なことをやり甲斐にして進化していった。たとえ、どんなピンチに陥っても、「これは神が自分に課した試練。これを乗り越えることこそ本望である」と考えたから、偉大なメジャーリーガーの仲間入りができた。

苦境に陥って、ただ挫折するだけでは何も前に進まない。イチローのように自分を奮い立たせて、その困難と格闘することを快感にしよう。繰り返し修羅場をくぐるという経験を積み重ねれば、修羅場は修羅場でなくなる。逆境耐性を高めるには、逆境と格闘する数を単純に増やすしかない。

プロの仕事場には、さまざまなプレッシャーが渦巻いている。期限以内に完了させなければならない大量の仕事、自分の能力では解決できそうもない困難な業務。そんな環境の中でプレッシャーを取り除くことなんか不可能であると、考えてみよう。

イチローのような一流の人間は、プレッシャーを抱えながら困難な問題点をいとも簡単に解決してしまう。実際、**スポーツ心理学では、プレッシャーがかかったときほど私たちは馬鹿力が発揮できるという事実が多くの実験で証明されている。**

仕事の現場からプレッシャーを取り除くことは不可能である限り、そのプレッシャーを抱えながらベストを尽くす。それがあなたに新しい才能を授けてくれる。

仕事を楽しんでやっているうちはまだ半人前

イチローの言葉60

「重圧がかかってバットが振れない、いつもとらえることができる球がファウルになる、そういう時に、プレッシャーとまともに対峙したことのない人間に『楽しんでやれよ』みたいなこと言われると、コノヤロー、とは思います。お前に何が分かるんだ、と」

（自分の仕事への取り組み方について語った言葉）

スポーツの現場では、「楽しんでプレーしてきます!!」という言葉をよく耳にする。確かにゲームに真面目に取り組めば取り組むほど、余計にプレッシャーがかかるというのは、事実である。

確かに、プレッシャーを克服するやり方として、「ゲームを楽しむ」ことも一つの方策であろう。しかし、少なくとも一流のプロフェッショナルは、楽しんで目の前の仕事に打ち込んでいるわけではない。

現役時代のイチローは常にピンチと対峙する精神を持っていたから、どんなにプレッシャーのかかった場面でも存分に実力を発揮できた。つまり、敢えて自ら緊迫感が高まる状況に身を置くことを快感にすれば怖いものはなくなるのだ。

ピンチから逃げずに進んでそういう状況に追い込むことにより、私たちはおのずからたくましくなれる。だから、プレッシャーがかかってきても、それを良い兆候と捉えて、そのままにしてベストを尽くそう。

ストレスがかかった状態を楽しむことができて、初めてプロとして一人前であり、その姿勢を貫くことによりどんなに緊迫した場面でもベストパフォーマンスを発揮できるようになる。

自分の決めたルーティンを日々実行しよう

イチローの言葉61

「どんなに気持ちが揺れていても、いつも通りの作業をすることで、自然にバッティングの気持ちに切り替えることができるんです。僕にとっては、いつも通りにすることが、プレッシャーに対処するための唯一の方法ですね」

（自分なりのプレッシャー克服法について語った言葉）

Ｐ40でも解説したが、現役時代のイチローのように、自分で決めたルーティンを日々持続するアスリートを探すのは、簡単ではない。ゲームがある日、彼はゲーム開始時間から逆算してその日のスケジューリングを完璧に履行していた。

もちろん、黙々と同じことをやり続ける覚悟も備わっていた。たとえば、彼が妻の弓子さん手作りの同じ味のカレーを毎日食べ続けていたというのは、事実である。

毎日同じ場所で同じことをやり続ける。このパワーは侮れない。この手法は何もスポーツだけに留まらない。ビジネスにもまったく適用できる。毎朝30分早く出社してお気に入りのコーヒーショップで、その日やるべき仕事の優先順位をつける作業をルーティンにしてしまおう。

あるいは、昼間の休憩時間に5分間のお気に入りのイージーリスニングの音楽を聞きながら瞑想の時間を確保しよう。

それだけでなく、就寝前に、その日の反省を兼ねて書斎の椅子に10分間座って日記にその日考えたことをありのままに記してみよう。

同じ時間に、同じ場所で、自分が決めたルーティンを着実に実行することにより、あなたは平常心を維持して良質の仕事をやり遂げることができるようになる。

徹底して「未来志向」を貫いて仕事に取り組もう

イチローの言葉62

「常に、先のことを予測する習慣を身に付けるのは、大事だと思います」

（2002年のシーズン終了後「自分の大切なこと」について語った言葉）

イチローの意識は、常に未来を向いている。良いことも悪いことも、すでに済んでしまったことを、彼はきれいさっぱり忘れ去ることができる。

夢を実現するには、願望では弱過ぎる。願望ではちょっとしたピンチに見舞われただけで、すぐに挫折してしまう。結果行動を起こせない人間になり果てる。これでは決して成功にはたどり着けない。

確かに、夢を描くことは楽しい作業である。しかし、それを趣味にするだけのただの夢想家になり果ててはいけない。夢を実現するための行動を起こすことが必須になる。

現役時代のイチローはバッターボックスに立ったとき、ピッチャーの投げるボールをヒットにする鮮明なイメージを描いていたはず。そして、バットを振る作業はその確認作業に過ぎなかったと、私は思う。そんなことを脳裏で描くから、5打数5安打の完璧な打者にときどき出会えたのだ。

このように、「未来志向」とは、ワクワクするような直近の未来イメージをできるだけ鮮明に描いて行動を起こすことをいう。それだけでなく、**断定口調で「この作業は必ずうまくいく」と言い切ろう。常にすぐ先の成功イメージを描きながら自信満々に行動する。これこそ人生を成功に導く秘訣である。**

第6章

自主性は夢を叶える原動力

心の中に自主性の芽を育てていこう

イチローの言葉63

「学校の授業が終わったらすぐに帰ってくるから、お父さん、僕に野球を教えてちょうだい」

（小学3年生のときの、それ以降7年間続くことになるバッティングセンター通いのきっかけになったイチローの言葉）

この言葉に野球をライフワークにしたイチローの原点がある。自主性こそ偉大な仕事をするエネルギー源。現役時代のイチローは、この「少年の心」を持ちながら、何事も自主性を優先して目の前の作業に没頭したはずだ。

小学3年から中学3年までの7年間、よほどのことがない限り、イチローはお父さんと一緒に近所の空港バッティングセンターに通い続けた。休んだのはバッティングセンターが休みの大晦日と元旦の2日間だけだったという。

父親の宣之さんが「イチロー、バッティングセンターに行くぞ！」とイチローに語りかけたことはなかったという。必ずイチローの方が「お父さん、バッティングセンターに行こうよ！」と声をかけた。

自主性に理由は要らない。「やりたい」という気持ちが自然に沸き上がってくるから実行する。ボールを打つことが理屈抜きに楽しいからその作業にのめり込める。たぶんイチロー少年にとって、黙々とバッティングセンターでボールを打つ作業は単調であったはず。しかし、彼は延々とそれを持続した。自主性がそれをやらせたと、私は考えている。

心の中に自主性の芽を育てることにより、没頭する精神が培われ、私たちは着実に成長していけるようになる。

子どもの頃に描いた壮大な夢を再現しよう

イチローの言葉64

「小学校ではあまり勉強しなかったんですけど、中学になって、それじゃマズいって、一生懸命勉強したんです。テストの点は取れました。実際、自分ができる限りの勉強はしました。でも、１番にはなれなかったですよ。学年で７番とか８番にはなれても、決して１番にはなれなかった。それで勉強あきらめたんですよ、僕」

（自分の中学生時代を思い出しながら語った言葉）

人生の中で「一番になれるものを見つける」ことは、とても大切なことである。イチローは早い時期に「野球」という一番になれる才能を見出したことが幸いしたのだ。子どもの頃は経験が少ないために、大きな夢を本気で公言できる。例えば、「ノーベル賞学者になりたい」「プロ野球選手になりたい」「タレントになりたい」はその典型である。

一方、大人は自分の経験を積み重ねるにつれて平凡な夢に書き換えてしまう。それどころか、親になった大人は「そんな実現不可能な夢を見続けることを止めて、堅実な生き方を選びなさい」というアドバイスを子どもにしてしまう。結果その子どもの夢はしぼんでしまい、平凡な人生を歩むことになる。

もちろん、私は平凡な夢が好ましくないと言っているわけではない。しかし、その本人の描いていた夢が周囲の雑音によってしぼんでしまったとしたら、その人間は惰性の人生を歩むことになる。もしも、その人間が**小さい頃に真剣に考えた夢を大人になっても持ち続けることができれば、たとえ子どもの頃に描いた壮大な夢を実現できなくても充実した人生を歩むことができる。**

人生は一度限り。子どものときに描いた破天荒な考えを大人になっても持ち続ければ、私たちは充実した実りある人生を歩むことができるようになる。

何事も自主性を発揮すれば成果が上がる

イチローの言葉65

「間違いなく僕の人生の師でしょうね。監督からは野球はもちろんですが、それ以外のことを教わりました。社会に出てからのための教育をしてくれたんだと思います。野球ができるのは短い間かもしれないが、それが終わった後にどういう人間でいられるかが問題だと言って、ミーティングのときにいくつもの人生訓を話してくれました」

（愛工大名電高校時代の当時の監督、中村豪さんについて語った言葉）

イチローが偉大なメジャーリーガーに成り得た大きな要因の一つが、愛工大名電高校野球部の当時の監督中村豪さんとの出会いである。

中村監督が愛工大名電の野球部員たちに教えたのは野球だけでなく、人生訓である。特に中村監督は自主性の大切さを繰り返し説き続けたという。それまで父親の宣之さんと一緒に自分でスキルを磨き上げた彼にとって、心に滲みる中村監督の人生訓は驚くほど新鮮だったに違いない。

同じ時間練習をしても、「進んでやる練習」と「やらされる練習」では雲泥の差が生じる。進んでやる練習には気迫という感覚が生まれ、才能は着実に身に付いていく。一方、やらされる練習では、ただの時間の浪費に過ぎず、もちろん、才能も身に付かない。

彼は連日合宿所における夕飯後から消灯時間までの唯一の自由時間も自主練習に明け暮れ、卓越したバッティング技術を身に付けた。「合宿所に幽霊が出る」という噂の正体は深夜にイチローがトイレの外で素振りをしていたバットの「ビュン、ビュン」という音だったという。

もっとも多感な高校時代に、自主性という宝物を身に付けさせてくれた中村監督という師匠に巡り合えたイチローは幸せ者である。

これが有言実行を実現する秘訣

イチローの言葉66

「言ってもらえば、センター返しはいつでもできます」

（愛工大名電高校に入学して中村豪監督との初対面で語った言葉）

野球部に入って当時の中村豪監督に初めて面会したとき、中村監督に向かって開口一番イチローはこう語ったという。この言葉を聞いて、中村監督はちょっとムキになって、「それなら俺の目の前で打ってみろ！」と言い放った。

すると、イチローは中村監督が指名した3年生の投手が投げる球の7割近くをセンターに弾き返したという。そのとき、中村監督は「長年監督をやってきたが、いきなりこんなことを言う生徒は初めてだ。おもしろいヤツが入ってきた」と語っている。

日本ではまだまだ控え目な人間が行儀正しい人間として敬われる。しかし、それは日常生活だけに留めておき、肝心の仕事では自信過剰なくらいでちょうどいい。**「有言実行」こそ、これからの時代に生き残れる有能な人間に不可欠な資質である。**

有言実行を実現するには、行動を起こさせる工夫をすればよい。私は多くのアスリートのメンタルトレーナーを務めているが、ビジョンボード（欲しいものの写真を貼り付けたボード）を自宅の書斎の壁に貼り付けて頻繁に見る習慣を身に付けてもらっている。

そうすることにより、欲しいものを手に入れるための欲望が膨らみ、自然に行動を起こすことができるようになる。自信を心に満たして、欲しいものを獲得するための行動をいますぐ起こそう。それがあなたを一流の人間に仕立ててくれる。

リーダーとの相性がメンバーの運命を変える

イチローの言葉67

「帰りのバスは空気が真っ暗。で、僕も空気読んで頭下げていたら監督が『イチロー、お前なに下向いてんだ。ヒット1本、二塁打打ってお前はそれでいいんだ』と。『勝ち負けは俺が責任取るから選手は自分のやることとちゃんとやれ』と……。そのとき、この人のために頑張りたいという思いが芽生えたんですね」

（初めて一軍レギュラーでスタートした1994年に敵地ホークス戦で敗戦後にホテルに帰るバスの中のシーンを思い出して語った言葉）

シーズン3年目となる1994年にイチローは大ブレイク。この年プロ野球初めてとなるシーズン200安打を達成し、見事首位打者に輝いた。

もしも、仰木彬との出会いがなかったら、イチローはメジャーリーガーはおろか、プロ野球選手として大成していなかっただろうと、私は考えている。イチロー3年目のシーズンである1994年に仰木はオリックスの監督に就任する。そして、それまで一軍と二軍を行ったり来たりしていたイチローを一軍に抜擢し大活躍させる。

就任1年目で、早速チームを2位に浮上させると、翌年の1995年には阪神・淡路大震災に遭い、一時は試合開催さえ危ぶまれた状態から、『がんばろうKOBE』を合言葉に、オリックスとして初のリーグ優勝に導く。

仰木は自主管理することの大切さを選手に説き、良い意味で選手を放任した。そして、たとえ成績が芳しくなくても、根気よくイチローを使い続けた。つまり、**仰木との相性の良さがイチローの潜在能力を開花させ、入団三年目の大ブレイクを実現させた**といえる。

部下は上司を選べない。つまり、自分との相性の悪い上司の下で働く部下は不幸である。そういう意味で、心の大きな名将仰木彬と出会ったイチローは幸せ者である。

感謝の気持ちを片時も絶やさないことを心掛けよう

イチローの言葉68

「スカウトの人に名前を覚えてもらったのは、あのホームランがあったからだと思います」

（高校3年生の夏の甲子園予選のことを振り返って語った言葉）

この逆転ホームランは愛工大名電高校3年の夏、イチローにとって最後の甲子園の県予選におけるものである。1991年7月29日、前日の激しい雨のため、試合は不成立。翌日再試合となった試合でイチローは、逆転ホームランを放つ。

中止になったその試合は5回裏が終わった時点で対戦チームの中京高校が5—3でリードしていた。そのときの非公式のイチローの成績は3打数1安打。

もしもこの試合が成立していたら当時のオリックスのスカウトだった三輪田勝利さんは、イチローに目を留めることはなかったはずだ。翌日の再試合で1点リードされていた6回表、イチローは逆転2ランホームランを打って強烈な印象を与えた。

後年、三輪田さんはあるドラフト事件に巻き込まれ沖縄で自ら命を絶つ。現役時代のイチローがシーズンを終えて帰国して真っ先に行ったことがある。それは、妻・弓子さんとともに神戸湾が見晴らせる三輪田さんの墓に手を合わせることだった。

「今シーズンも怪我なく無事に終えることができました。三輪田さんが私を空から見守ってくれたおかげです」という思いを、三輪田さんに伝えたという。

周りの人たちの支えがあったから私たちの現在がある。そういう感謝の心を片時も絶やさない心掛けがその人間に凄いパワーを与えてくれる。

第7章

引退会見で語った
イチローの心理の凄さを検証する

日々ベストを尽くすことに努めよう

イチローの言葉69

「今日の瞬間を体験すると、小さく見えてしまう。分かりやすい10年（連続）200本（安打を）続けてきたとか本当に小さいことだと思います」

（引退会見で「（野球人生で）一番印象的なことは？」という記者の質問に答えて）

２０１９年3月21日、メジャー開幕シリーズ、シアトル・マリナーズとオークランド・アスレチックスの第2戦、「9番ライト」で先発出場したイチローは、8回現役最後の打席に立ちショートゴロに打ち取られる。一度ライトの定位置に就くと、交代が告げられ、4万6451人の大きな拍手を浴びながらイチローはベンチに戻り、マリナーズのチームメイト一人一人とハグを交わし、最後は観客に向かって何度も帽子を取ってあいさつした。

試合後の引退会見でイチローはこう語っている。

「今日のあの球場での出来事、あんなものを見せられたら後悔などあろうはずがない」

日本で1278安打、メジャーで3089安打を積み重ねてきたイチローにとって、数々の偉大な記録よりも、「誰よりも野球を愛したこと」の結果としてこの日の引退セレモニーが実現したことが何よりも嬉しかったのだ。

引退後の雑誌のインタビューでイチローはこう語っている。

「東京ドームでの最後のシーンを振り返ると、あのような形で終われたということは（野球の神様が）最後に降りてきてくれたのかな、とは思います」

プロになってから28年、**人生の中で「日々自分のベストを尽くす！」というシンプルな哲学を貫いたご褒美としてこの日があった。**そう考えられるイチローは幸せ者である。

自ら決断して今すぐ行動に移そう

イチローの言葉70

「メジャーリーグに挑戦するということは、大変な勇気だと思うんですけど(中略)、それ(成功すること)ができないから行かないという判断基準では、後悔を生むだろうなと思います。できると思うから挑戦するのではなくて、やりたいと思えば挑戦すればいい。その時にどんな結果が出ようとも後悔はないと思うんですよね」

(引退会見で「プロ野球選手になるという夢を叶えて何を得たか?」という質問に答えて)

イチローのこの言葉から、「自分はこう生きるんだ！」という強い思いが伝わってくる。私たちは、見栄を気にするあまり、周囲の雑音に惑わされて本当にやりたいことを放棄してしまう。こんなにもったいないことはない。たった一度切りの人生である。だから、今からでも遅くない。「自分は何をしたいのか？」とか「残された人生で究めたいものは何か？」といったことについて繰り返し自問自答しよう。

イチローのこの言葉のように、**やりたいことをやらなかったら、必ず後悔する。一方、たとえうまくいかなくても行動を起こしたら、後悔は生まれない。**

私が尊敬するアップル・コンピュータの創業者、スティーブ・ジョブズが生前スタンフォード大学の卒業式で卒業生に贈ったスピーチがある。

「君たちの時間は限られている。だから自分以外のほかの誰かの人生を生きて、無駄にする暇なんてない。その他大勢の意見の雑音に、自分の内なる声、心、直感を掻き消されないことだ」

一番やりたいことを実行するために、今すぐ行動を起こそう。それは今からでも遅くない。やりたかったことをやらなくて後悔しても、もはや後の祭り。人生は後戻りできない。

あなたのファンを意識しながら良質な仕事をしよう

イチローの言葉71

「僕には感情がないと思っている人もいますけど、意外にあるんですよ。結果を残して最後を迎えられたら良かったですけど、それでも最後まで球場に残ってくれて、そうしないですけど、死んでもいいというのはこういう時なのかなと思いました」

（引退会見でファンの人たちへの思いについて語った言葉）

マリナーズ対アスレチックスの第2戦の2回裏、マウンドには菊池雄星、そしてライトにはイチローがいた。イチローの第1打席はサードのファウルフライ。そのとき共同通信社の「イチローが第一線を退く意向」というニュースが流れた。

そして延長12回の激闘が終わった後、グラウンドからすべての選手がダッグアウトに引き揚げてもファンが席を立つ気配がなかった。そして鳴り止まぬ「イチローコール」に促されるようにイチローが姿を見せる。大勢のカメラマンに囲まれながらイチローはレフトスタンドの前を外野席に向かって歩き、グルーッと球場内を一周してファンに向かって大きく手を上げて応えた。

イチローにとってメジャーデビューしてからヤンキースに電撃移籍するまでの11年間は、「自分のためにプレーすること」が最大のテーマであった。しかし、ヤンキースへの移籍以降は、「ファンに感動を与えるプレーをすること」に変わっていった。誰にも知られずに静かにバットを置くという自分の引退の想像図とはまったく違う形で終えられたことに、「死んでもいい」という気持ちが自然に湧き上がってきたのは論をまたない。

普段から「自分のベストを尽くす」という発想をもうひとつ広げて「自分のファンを意識して良質の仕事をする」という思いに変わったとき、あなたは進化することができる。

イチローの言葉72

「ゲーム前にホームの時はおにぎりを食べるんですね。妻が作ってくれたおにぎりを。その数が2800くらいだったんですよ。3000行きたかったですね。そこは3000個握らせてあげたかったなと思います」

（引退記者会見で、妻・弓子さんの献身について語った言葉）

イチローのキャリアを陰で支えたのは妻の弓子さんで間違いない。2800個の根拠はイチローによると、以下のコメントにより理解できる。

「単純に18年分のホームゲームの試合数×一日に2個として計算すると、いくつになるんですかね（2916個）。でも、デーゲームのときは1個なので、その分を差し引くと2800個くらいになるのかな」

イチローのこの発言がSNSでは「モラハラ論議」を引き起こしたが、イチローが弓子さんにおにぎりを作らせたのではなく、お互いの阿吽《あうん》の呼吸が働いて、弓子さんが自発的にイチローのためにおにぎりを握ったと、私は考えている。だから、何の問題もない。

ひょっとしたら家のテレビに張りついて応援してくれている愛妻のためにヒットを打ちたいという思いも、イチローにヒットを量産させる原動力だったのではと、私は推測している。**自分のために尽くしてくれる人たちに感謝する気持ちが発するパワーは侮れない。**

自分の活躍に喜んでくれる人がいたら、やる気が高まるだけでなく、喜びが2倍にも3倍にも大きくなる。一方、良いことが起こっても、喜ぶのが自分一人だけでは、何か虚しい。喜んでくれる人を意識しながら感謝の気持ちを絶やさずベストを尽くすことこそ、イチローのような一流の人間の持っている共通点なのである。

正しい行動をするためのプランをしっかり立案しよう

イチローの言葉73

「お前、契約金1億円ももらえないよって。夢は大きくと言いますけど、ドラ1の1億って掲げていましたけど、遠く及ばないですよ。ある意味で挫折ですよ」

（引退会見で、「小学生の自分に今声かけるなら？」という質問に答えて）

イチローが小学6年生のとき、『ぼくの夢』というタイトルの作文を書いている。

「ぼくの夢は一流のプロ野球選手になることです（中略）。3歳から7歳までは半年くらいやっていましたが3年生の時から今では、365日中360日ははげしい練習をやっています。だから1週間中で友達と遊べる時間は、5～6時間です。そんなに練習をやっているのだから、必ずプロ野球選手になれると思います（中略）。そしてその球団は、中日ドラゴンズか西武ライオンズです。ドラフト入団で契約金は1億円以上が目標です」

小さい頃は「怖いもの知らず」である。だから、誰もがとてつもない夢を言葉にする。大人は子どもたちに「大きな夢を描け！」と繰り返し強調する。確かに夢を描かないよりも壮大な夢を描く方が楽しい。しかし、現実は甘くない。

多くの自己啓発書には、「ゴールを設定し、できると信じて行動を起こそう」と書いてある。しかし、それだけでは夢を叶えることなどできない。夢を実現するための「正しい行動」を行わなければならない。

夕日を見たくて東へ走っても夕日を見ることはできないし、魚釣りに行って、間違った餌を釣り針につけても釣りたい魚は釣れない。つまり、**行動する前の効果的なプランの立案こそ夢を実現する最重要の要素なのである。**

理屈抜きに「やり抜く力」を高めよう

イチローの言葉74

「つらいこと、しんどいことから逃げ出したいと思うことは当然だと思うんですけど、元気な時、エネルギーのある時にそれに向かっていくのは大事なことだと思います」

（引退会見の最後に「人生において大切なこと」について語った言葉）

「やり抜く力（Ｇｒｉｔ）」は最近の心理学の注目されるテーマである。ひと頃注目された「やる気」はやや色褪せつつある。ここで「やり抜く力」を定義しておこう。これは「やりたくないけれどやらなければならないことを進んで行う能力」と定義できる。プロの仕事にはやりたくないけれどやらねばならない仕事が満ち溢れている。

イチローにしても、「一番やりたくない作業はバットを振る作業」と語っている。それではなぜ彼がそのやりたくないバットを振る作業を進んで日々長時間心を込めて行えたのか？ それはバットを振らなければヒットを量産できないことを知っていたからだ。

仕事で必要なのはやる気ではなく、やり抜く力でなければならない。 19世紀のドイツの哲学者フリードリヒ・ニーチェはこう語っている。

「天分だの、天賦の才だのと言って片付けないでほしい！ 才能に恵まれていない人びとも、偉大な達人になるのだから。達人たちは努力によって偉業を成し遂げ、（世間の言う）〝天才〟になったのだ」

自分が定めた行動を断固としてやり遂げる能力を身につけて果敢に行動を起こそう。それがあなたに偉大な才能を授けてくれる。

個の力を発揮することに全力を尽くそう

イチローの言葉75

「団体競技なんですけど、個人競技なんですよ。それが面白い。個人としても結果を残さないと生きていくことはできない(中略)。あとは同じ瞬間がないということ。必ずどの瞬間も違う。これは飽きがこないですね」

(引退会見で、「野球の魅力は?」という質問に答えて)

野球は典型的な団体競技である。しかし、チームが一人一人のメンバーで構成されている以上、個人の力が試される。メジャーリーグに代表されるアメリカにおけるプロの世界では、個性を競うことが最優先される。

一方、日本のスポーツ現場では、相変わらず「チームワーク」が優先される。もっと言えば、個性を殺してチームワークによって勝利をつかみとる戦略が幅を利かせている。確かにこのチームはある程度のレベルまではいけるが、決して優勝チームにはなれない。

実は、「チームワーク」という言葉は、ボーイスカウトから生まれた言葉であり、「弱者救済」の際に使われる言葉である。だから、強者揃いのプロのチームでこの言葉が使われることはない。もちろん、シアトル・マリナーズの監督がゲーム前に「今日はチームワークを活用して勝利するぞ！」と叫ぶことはない。

たとえば、急流を渡るときに二人の大人が子どもの両肩を支えて向こう岸に渡る手助けをするときに、初めてこの言葉が使われる。**一人一人のメンバーがチームを勝利に導くために個性を目一杯発揮すれば、黙っていても自然にチームワークが生まれてくる**のだ。

チームの勝利に貢献するために普段から個性を磨いてベストを尽くせば、この厳しい競争社会の中で、あなたはたくましく生き残っていける。

周囲の人たちに感動を与えるような仕事をしよう

イチローの言葉76

「投げることも打つこともやるのであれば、僕は１シーズンごとに、１シーズンはピッチャー、次は打者として出て、その上でサイ・ヤング賞とホームラン王とか、そんなことを（普通は）考えることすらできない。でも、翔平はその想像をさせるじゃないですか、人に。この時点で明らかに人とは違う選手であると思うんですよ」

（引退会見で大谷翔平選手の将来性に触れて）

残念ながら、メジャーでのイチローと大谷選手との夢の対決は実現しなかったが、大谷選手はイチローとの交流を持っている。そのことについて、大谷選手はこう語っている。

「今までにも何度か、食事をさせていただきましたけど、キャンプ中、バットを持ってアリゾナの家へお邪魔したときには、イチローさん、ちょうどトレーニングをしていたんですす（中略）。1時間くらいでしたから、いっぱい話せたというわけではなかったんですけど、あの時間の中で確実に僕は変わることができました。『自分の才能を信じた方がいい』というイチローさんの言葉のおかげで自信も持てましたし、その自信を持ってグラウンドへ入っていけるようになったのは、あの言葉がきっかけです」

イチローや大谷選手のような一握りの一流のアスリートとそれ以外のアスリートの決定的な違いは「プライド」の有無であると、私は考えている。「プライド」を辞書で調べてみると、「誇り。自尊心」という言葉が浮かび上がってくる。心の中の自信の量もプライドが大きく影響する。大谷選手にしても、イチローから「自分の才能を信じた方がいい」という言葉で確固たるプライドが構築されたはずだ。

普段からあなたの仕事を観察してくれている上司やチームメイトを感動させるような仕事をすることに努めよう。そうすれば、プライドは自然に心の中に生まれてくる。

第8章

常識を覆すイチロー式発想法に学ぼう

過去の情報を捨ててしまえば直観力が鋭くなる

イチローの言葉77

「分析された結果、数字によって動かされている。だからこそ、僕の野球が、そのように考える人たちの持っていない何かを提供できたらなって考えます。想定の中に納まってたまるか、という気持ちはありますね」

（野球がデータによって支配されている現状について語った言葉）

イチローがあれだけヒットを量産できたのは、過去の情報を徹底的に葬り去ってバッターボックスに立ったことにあると、私は考えている。成熟した情報化社会において目の前の真剣勝負に勝利するには、潔く過去のデータを葬り去ること。

あるとき、イチローはこんなコメントを発している。

「よく実況のアナウンサーや解説の方が説明しますよね。『あっ、飛んだコースが良かったですね。ヒットになりました。詰まったけど』みたいなことを昔聞いたことがあるんですよ。でも今思うと、僕なんかわざと詰まらせてヒットにすることもあるんですよね」

イチローは予測することを嫌う。彼は常に心を自由自在にしているから、バッターボックスに入った瞬間、目の前に現れた状況に即座に反応することができる。心が何かに縛られると、想定内ならまだしも、想定外の事態に対応できなくなる。

特に、投手の手からボールが離れてボールを打つまでの、ほんのコンマ何秒の間に行わなければならないという時間的制約があるから、想定外のことが起こると対応できなくなる。結果凡打に終わる確率が高くなる。

イチローのように、**あえて過去の情報を捨て去って自分の本能に委ねよう**。そういう姿勢を貫けば、なお一層ひらめきや直観力を洗練させることができるようになる。

イメージトレーニングの効果は絶大である

イチローの言葉78

「（毎日自主的に行っているトレーニングは）イメージトレーニングですね。これはもう普段歯を磨いているときなんかでもやっています。こういう球が来たら、こういうふうに打って…と、いい感じを頭に描くようにしています」

（オリックス入団1年目のジュニアオールスターでMVPに輝いた後のインタビューで語った言葉）

イチローはあまりこのことに関して語ることはないが、現役時代の彼ほど脳内でイメージトレーニングを真剣にしているアスリートは見当たらない。

イメージトレーニングはスポーツ界でもっとも普及しているメンタルトレーニングであり、今やビジネス界でも導入が進んでいるトレーニングである。実際多くの実験でイメージトレーニングは実際の練習と同じ効果があることが証明されている。たとえば、スキーの滑降の金メダリストの実際の滑降と、その直後に今行った滑降シーンをイメージしてもらったときの脳波を比較したら、ほとんど同一の脳波が出力されたという事実が判明している。

ここでイメージトレーニングをする際に理解しておくべきルールを簡単に紹介しよう。まず最初のルールは、できるだけリアルにそのシーンを描くこと。視覚情報だけでなく、音、温度、痛み、味覚、匂いなどの感覚を総動員すればイメージはよりリアルになる。

二つ目は、単純に成功のシーンを描くのではなく、逆境や困難を見事に克服するシーンを描くこと。体操や高飛び込みのような危険を伴う競技種目の選手はイメージの中で完璧にできなければ実技をすることはない。

日常生活の中で〝すきま時間〟を活用したイメージトレーニングを習慣化させることにより、あなたは目の前の仕事で大きな成果を効率的に仕上げることができるようになる。

テーマを頭に叩き込んで思索を積み重ねよう

イチローの言葉79

「ある時期、僕はパワーをつけたいとか、ボールを遠くへ飛ばしたいといった考えに取り憑かれていました。そうすると、そのことばかりズーッと考えてしまうのです」

（雑誌のインタビューで自分の性格を聞かれて語った言葉）

現役時代のイチローは四六時中、野球のことを考えていたはずだ。もっと言えば、テーマを頭の中に叩き込んでひらめきを待っていたと、私は考えている。「取り憑かれる」という境地になって、人間は一人前なのである。

このことに関して、ベストセラーになった書籍『やり抜く力』の著者であるペンシルベニア大学心理学教室のアンジェラ・ダックワース教授はこう語っている。

「どんな分野であれ、大きな成功を収めた人たちには断固たる強い決意があり、それが二つの形となって現れていた。第一に、このような模範となる人たちは、並外れて粘り強く、努力家だった。第二に、自分がなにを求めているかをよく理解していた。決意だけでなく、方向性も定まっていたということだ。このように、見事に結果を出した人たちの特徴は、『情熱』と『粘り強さ』を併せ持っていることだった」

脳を取り憑かれる状態に仕立てるためには、単純にテーマを絞り込めばよい。太陽光線がいくら強烈でもそのままでは新聞紙を燃やすことはできない。しかし、凸レンズで焦点を絞り込むと、いとも簡単に新聞紙は燃えだす。**テーマを徹底的に絞り込めば、自然発生的にどんどん斬新なアイデアが浮かび上がってくる。**実際理屈抜きに脳はそのようにできているのだ。

目の前に二つの道があれば、迷わず困難な道を選択しよう

イチローの言葉80

「スイートスポットは、小さいです。扱いは難しいですし、細いバットなんですけど。人が勘違いしているのは、「太いバットだと、たくさん打てる」と思っていることなんですね。たくさん当たるってことはミスショットも多くなるんですよ」

（自分が使用するバットについて語った言葉）

イチローの野球人生を振り返ると、世間の常識を覆すことをやり甲斐の一つにしていたのではないかと、私は考えている。このコメントもその事実をうかがわせてくれる。

ボールに当てることを考えたら、太いバットの方が有利であることは火を見るよりも明らか。言い換えれば、芯を外してもヒットになるのだ。それをイチローはひどく嫌った。つまり、バットの芯でボールをとらえる能力を身に付けるには、細いバットでなければならない。当然扱いの難しい、細いバットの方が集中力も高まるわけである。

目の前に分かれ道がある。それらは〝安易な道〟と〝困難な道〟である。ほとんどの人が迷わず安易な道を選ぶ。しかし、イチローは敢えて困難な道を選んだ。なぜなら、彼は困難が自分を進化させる近道であることを知っていたからだ。そうすることにより、**困難なことを克服したり、難しい技を習得する上で不可欠な有能感が生まれてくる。**

もちろん、難しいことにチャレンジすればするほど失敗の確率も高くなる。凡人はそれを嫌がる。しかし、現役時代のイチローは難しいことにチャレンジして失敗しても、モチベーションを上げてその困難をいとも簡単に克服してしまった。

困難な事を克服した快感は何事にも代え難い。その快感を体験するために、敢えて安易な道を捨てて困難な道を選択することこそイチローのような一流の人間の共通点である。

血の滲むような鍛練を積み重ねることを快感にしよう

イチローの言葉81

「天才はなぜヒットを打てたか説明できない。僕は、きちんと説明できる。だから天才じゃない」

（天才についての自分なりの考えに触れて）

血の滲むような鍛練があったからこそ、ヒットを説明できる。イチローはこの言葉でそう言いたいわけである。『究極の鍛練』を著したジャーナリストであるジョフ・コルヴァンはその著書の中でこう記している。

「究極の鍛練は苦しくつらい。しかし効果がある。究極の鍛練を積めば、パフォーマンスが高まり、死ぬほど繰り返せば偉業につながる」

イチローの天才の定義とは、「鍛練することなく、突然周囲の人間を驚かせるようなことをやってのける人間」のことをいう。「少なくとも自分はその範疇にはない」と、彼は考えていたはず。ときにはピッチャーの投げたワンバウンドのボールも、イチローはいとも簡単にヒットにした。それも全部説明できる。「鍛練の裏付けがあるから、自分はすべて説明できる」と、イチローは言いたかったわけである。

いくら才能に恵まれていても、肝心の鍛練を怠れば才能はすぐにさびついてしまう。だから、才能を磨く作業を片時たりとも怠ってはならない。

鍛練とは、ただヒットを量産するために不可欠な作業であるだけでなく、自分を納得させるために存在するのだ。そう考えることにより、私たちは血の滲むような努力も進んで行うことができるようになる。

「内側の感覚」を最優先させて行動しよう

イチローの言葉82

「理屈じゃないんです。体が感じるまま、求めるままにやる」

（少年時代の野球について聞かれて語った言葉）

現役時代のイチローほど「内側の感覚」を大事にしてバッターボックスに立つ選手を見つけ出すことは、困難だった。彼はデータではなく自らの本能に頼ることを最優先した。

つまり、真っ白な状態で本能だけを頼りにピッチャーの投げるボールに立ち向かっていったのだ。それは、多くのバッターがその日対戦するピッチャーの過去のデータや特徴を頭の中に叩き込んでバッターボックスに入るのとは、真逆である。

もちろん、ピッチャーの方も過去のデータでは予測できないような意外性のある球をバッターに投げてくる。だから、過去のデータに縛られると、本能の感度が鈍り、ことはうまく運ばない。そのことを、イチローは過去のキャリアを通して知っていた。

前にも少し触れたが、内側の感覚を磨くために、スポーツの現場で活用されているイメージトレーニングはいまだに私たちを成功に導く強力なスキルである。五感を総動員して頭の中で成功のシーンをリハーサルしておけば、本番でうまくいく確率が高くなる。

あるいは、F1レーサーや体操のオリンピック代表選手は危険なシーンを回避するリハーサルを頭の中で繰り返しイメージする。イメージを描くことが困難なとき、彼らが実際のアクションを取ることはない。**「内側の感覚」を最優先させて目の前の作業を成功に導く。**これはビジネスの世界でも通用する大切なスキルである。

孤独に徹して内面に磨きをかけよう

イチローの言葉83

「孤高という響きはカッコいいけど、孤立となると問題がある。僕の孤独は、どっちでしょうね（笑）」

（仕事をしているときの心理について語った言葉）

イチローのような一流の人間は本来孤独である。なぜなら、日々内省に努めることを大切にしているからだ。現役時代の彼の意識は常に内側に向いていた。つまり、自分の内側のもう一人の自分と対話することをとても大切にしていたのだ。

一方、一般的な人間は群れたがる。群れることによって不安を解消しようという発想である。しかし、群れるだけでは単なる気晴らしに過ぎず、ただの時間潰しになりかねない。それどころか、自らを進化させることなどまったく不可能である。

並の人間はいつも外側に宝物が転がっていると信じて、自分の外側に探し物を見つけようと必死になる。しかし、残念ながら、「あなたの外側に宝物は存在しない」と、考えた方がよい。宝物はあなたの内側にしか存在しない。

試合後、イチローが毎日丹念にグラブを磨く作業を絶やさなかったのは、もう一人の自分と対話することに努めたから。今自分のやっていることが正しいのか？ やり残している大切なことがないか？ そのことについて自問自答する時間に充てていたのだ。

現役時代のイチローのように、**一人きりになる時間をたっぷり確保して、自分の人生の歩むべき道について思索を張り巡らせよう。**ときには、ひたすら孤独に徹して内面を磨くことも悪くない。

不必要なものを削り取る意識を取り込もう

イチローの言葉84

「ここ何年か、何かが足りないという発想はありません。むしろ、何が必要ないんだろうって考えるようになりました」

（自分を進化させる方策について語った言葉）

イチローが長年磨き上げたバッティングフォームは、新たなものを付け加えるという発想ではなく、極限まで無駄を削り落とした結果生まれたものである。現役時代のイチローは自らの野球人生を通して、いかにしてスイングの無駄なものを排除するか、というテーマと格闘してきたといえる。

つまり、無駄なものを削り落とせるだけ削り落としたスリムなバッティング技術が、イチローにメジャー3000安打という偉業を達成させたといえなくない。

私たちは何か新しいものを付け加えることにより、一つ進歩したという間違った意識を持つ傾向がある。

「Unlearn（脱習）」こそ、21世紀のキーワード。あるいは**捨てる技術こそ、才能を高めるために不可欠なこと**。

この情報化社会は、まるで役に立たないジャンクな情報で溢れ返っている。そんな役に立たないただの蘊蓄を傾けるだけの学習から潔く訣別して、名人芸を洗練させることにたっぷり時間をかけよう。

付け加えることを止めて、無駄なものを削る作業に気付いたとき、あなたは一歩前進したことになる。

結果に惑わされずに徹底してプロセス志向を貫こう

イチローの言葉85

「ピッチャーと対戦するときに、頭の中をそのことだけに集中させたいんですよ。それ以外のことはリセットしたいわけですね。でも、ベンチでいる時間、打席に向かう時間の間に余計なことを考える自分がときどきいるんですね。野球とは、何も関係ないことを考えたりもします。そのことを、あの打席の中で、リセットしなくてはいけないんですよ。そのための行為です」

（気持ちをリセットすることの大切さについて語った言葉）

この世の中はうまくいくことよりも、うまくいかないことの方が圧倒的に多い。うまくいかなかったときに落胆しているだけでは、何も前に進まない。現役時代のイチローのように、気持ちをリセットする達人の仲間入りをしよう。**決め事を丹念に行えば、気持ちは自然に切り替わる。**それはイチローにとっては、ウェイティングサークルのストレッチであり、バッターボックスに入った時にバットを構える仕草である。

決め事は基本的には同じテンポでやること。うまくいかないときに自然にペースが速くなる。もちろん呼吸もせわしくなる。そういう時には敢えて少しペースダウンして、ゆったりしたペースを貫こう。

それでもペースダウンできないなら、リセットしよう。現役時代のイチローも、ピッチャーとの呼吸が合わなければバッターボックスから一度出て気持ちを入れ換えた。タイガー・ウッズも雑念が浮かび上がったら、アドレスをいったん解いて仕切り直す。

あるいはピンチやスランプになってもうろたえないで、目の前の作業を淡々と持続させよう。ピンチやスランプは一時の嵐のようなもの。ただジッと我慢して頭の上を通り去るのを待てばよい。決してそのことに過剰反応してはならない。

そうすれば、気付いたら、見事に気持ちがリセットしている自分を発見できる。

自分の最大の武器を磨き続けよう

イチローの言葉86

「視力はよくないのですが、動体視力になるといいです。こういうことは、自分で能力を見つけないといけません」

（自分の視力について語った言葉）

私たちは案外自分の武器に無頓着である。仕事に貢献してくれるあなたの最大の武器は何だろう? 残念ながら、それは誰も教えてくれない。イチローのこの発言のように、それは自分で見つけるしかない。

いくら弱点を補強してもそれは武器にはならない。あるいは**たとえ自分の武器を分かったとしても、それが仕事に貢献できなければ武器にはならない。**

私の大好きな「木こり」の話がある。二人の木こりが丸太を切るレースに挑んだ。二人の木を切る能力は同じである。与えられた時間は1時間。どちらがたくさん切るかを競うレースである。彼らには同じ丸太と同じ性能ののこぎりが与えられた。

まず木こりAは、スタートと同時に一心不乱に丸太を切り始めた。そして1時間で4本の木を切った。

次に木こりBである。彼は最初の15分間木を切ることをしないで、別の作業に没頭した。そして15分後おもむろに丸太を切り始め、なんと制限時間内に8本の丸太を切ることに成功した。それでは木こりBは最初の15分間に何をしていたのか。彼は最初の15分にのこぎりの刃を研いでいたのである。この話は自分の武器を見つけて、それを徹底的に磨くことの大切さを分かりやすく私たちに教えてくれる。

本番の緊張する場面ほどリラックスしよう

イチローの言葉87

「ちょっと抜きながらやるというのが、僕のやり方なので、そこは人の目をごまかしたいな」

（２００８年７月29日、日米通算３０００本安打を達成した試合後に語った言葉）

仕事で成果を挙げたかったら、適当に抜くテクニックが求められる。つまり、「集中しよう！」ではなく、「リラックスしよう！」を口癖にすれば集中できるようになる。

「現役時代のイチローは目一杯頑張っていた」という神話がまかり通っていたが、事実はそうではない。イチローも人間である。シーズンを通してフルスロットルで駆け抜けることなど不可能だったはず。

彼は本番で目一杯リラックスしていたからヒットを量産できたと、私は考えている。特に重要な場面ほどリラックスできたからヒットを打ってチームに貢献できたのだ。

高速道路でガソリンを補給することなく全力疾走し続ければ、必ずエンストすることを私たちは知っている。しかし、仕事の現場では、ガス欠状態になりながら走り続けるビジネスパーソンで溢れ返っている。これでは成果を挙げることなど到底不可能。

日本人はリラックスすることが苦手である。「頑張り続けることが美徳」という風潮がそうさせている。これまでは、たとえ成果が挙がらなくても、「あいつはあれだけ頑張ってるんだから大目に見よう」と許された。

しかし、これからの時代はそうはいかない。現役時代のイチローのように、肝心の本番でリラックスするだけで、あなたの潜在能力が発揮され、成果を挙げることができる。

第9章

自分の生き方を追求することが夢への近道

「何が何でも」というメッセージを口癖にしよう

イチローの言葉88

「一生懸命やっています、はあくまでも他の人から言ってもらうことであって、自分から言うことではない」

（普段から心掛けていることについて語った言葉）

スポーツ選手が好んで使う言葉に、「頑張ります」がある。アマチュアのプレーヤーならまだしもプロスポーツ選手はこの言葉を慎まなければならない。プロとしてのプライドがあるなら、頑張るのは当たり前であり、自ら口に出してはいけない。ただ漠然と頑張るだけでは、作業は面白くならないし、期限内に作業を完結できない。

肯定的な言葉を口に出して、自らの潜在意識を活性化させる「インカンテーション」はプロフェッショナルにとって魅力的なスキル。

インカンテーションとは、「自分の信念を1行で表現したもの」。私は毎日20分かけてインカンテーションを唱えることにより、目標を簡単に実現できることに気付いた。もちろん、一度に20分ではなく、私は5分間のインカンテーションを唱える儀式を日に4回行う習慣を身に付けている。私がよく唱えるインカンテーションを以下にいくつか示そう。

「何が何でもイチロー本を10月末までに仕上げる」

「何が何でも講演のパワーポイントを明日中に仕上げる」

「何が何でも今日はゴルフ練習場でボールを200発打つ」

「何が何でも」をメッセージの冒頭に入れて、同時に「達成期限を必ず入れる」ことにより、あなたは定めた目標を見事に達成できる自分に気付くようになる。

「成功」という言葉を封印しよう

イチローの言葉89

「好きな言葉と言われると、すぐには思い浮かびません。何かを表現したい時、僕は言葉で表現するよりも、実際にやることで表現したいと思っています。ただ、嫌いな言葉ならありますよ。それは『成功』。この言葉、嫌いです(笑)」

(好きな言葉と嫌いな言葉について語った言葉)

「夢」とか「希望」という言葉は私たちをワクワクさせてくれる。多くの自己啓発書で、「夢を描くことの大切さ」や「希望を持って生きることの重要性」をこれでもかと言わんばかりに説き続ける。しかし、それでは弱過ぎるのである。

確かに夢や希望を持って生きることは意味がある。しかし、小さな習慣や泥臭い行動を長期間積み重ねない限り、夢や希望を実現することは、まったく不可能。近道は存在しない。

大きな夢を描くだけでは、ほとんどの場合、ただの気晴らしに過ぎない。なぜなら、多くの人々が夢に到達することなく挫折してしまうからだ。そして、なぜイチローが「成功」という言葉を嫌うのか？　多分イチローにとって成功者とは、「過去に偉大な業績を達成した人間」という意味であり、文字通り功を成し遂げてすでに最前線から引退した人間を指す。つまり、この人間は、「一丁上がり」なのである。

現役時代のイチローにとっては、自分はまだまだ「発展途上の人間」であり、日々進化している手応えがあるから、この言葉を嫌ったといえなくもない。日本政府から「国民栄誉賞」を授与したいという申し出を断ったのも、自分は成功者ではないという自覚から出た本音なのかもしれない。**あなたが現役でいる限り、「成功」という言葉を封印して、日々進化することを励みに精一杯ベストを尽くす態度が求められる。**

成果を挙げる目標設定の理論を理解しよう

イチローの言葉90

「そりゃ、僕だって、勉強や野球の練習は嫌いですよ。誰だってそうじゃないですか。つらいし、大抵はつまらないことの繰り返し。でも、僕は子どもの頃から、目標を持って努力をするのが好きなんです。だってその努力が結果として出るのはうれしいじゃないですか」

（普段の野球への取り組み方について語った言葉）

目標設定の有無が、その人間のその後の運命まで変えてしまう。ここで目標設定の目的を明確にしておこう。目標設定の最大の目的は目標を実現することではない。それは二番目に重要なこと。

最大の目的は、本人のやる気を最高レベルに引き上げること。だから、やる気を最大化させるには、目標設定水準が難し過ぎても、易し過ぎてもいけない。

あるとき、イチローはこう語っている。

「やりたいことをしっかりイメージして、自分のなかで組み立てて、それなら7、8割できるはずだ、というなかで実際にできたというところまでいけば気持ちがいいし、達成感が残ると思います」

前にも少し触れたが、イチローにとって「シーズン200安打」こそ、彼のやる気を最高レベルに引き上げた魅力的な目標設定水準だったのである。もしもこの目標が180だったなら、ちょっと手抜きをしてもクリアできただろうし、220なら最初からこの目標は高過ぎて達成できないと考えてしまい、シーズン途中で挫折してしまっただろう。

ベストを尽くしてやっと到達できるような目標設定により、あなたのやる気を最大化させて、面白くない作業にも喜んで没頭できるようになる。

最強の内発的モチベーションを発揮して自己実現しよう

イチローの言葉91

「自分がやりたくなったらやるというスタンスです。自宅でのトレーニングや坂のランニングは、腹が減ったから飯を食うという感じでしょうか。何か気持ちを奮い立たすためにやるということは、今のところありません」

（オフのトレーニングについて語った言葉）

半世紀以上前に心理学者のA・マズローが主張した「自己実現の欲求」こそ、私たちを幸せにしてくれる強烈な欲求である。**〝死ぬまでに最高の自分に巡り合いたい〟ということの欲求こそ、お金や名誉では感じることのできない幸福感を与えてくれる。**

「一生懸命働いて給料を上げる」という外発的モチベーションは、「できなかったことができるようになった」という典型的な内発的モチベーションである「自己実現の欲求」には到底敵わない。「自分の才能を極限まで高める」というテーマを頭の中に叩き込んで、目の前の仕事でなんとしても成果を出そう。

内発的モチベーションの魅力は、なによりも永続的であるということ。「仕事が一段落ついたらご褒美をもらう」という外発的モチベーションはそれを獲得した瞬間、その役割を終える。もちろん、住宅ローンを抱えている人は、「お金を稼ぐ」という外発的モチベーションが最強であることは言うまでもない。

しかし、ローンを支払い終わると、このやる気は自然に消え去ってしまう。一方、人間国宝の画家が自らの技を高め続けるという内発的やる気は現役である限り持続する。

あなたにとっての自己実現は何だろう？　そのことを1行で紙に書き出し、その実現のために意欲を注ごう。それがあなたに最高の自分に巡り合わせてくれる。

後退も一つの進化と考えてみよう

イチローの言葉92

「前に進んでいるとは限らない。後ろに行っても、違う自分ですからね」

（自分の野球観について語った言葉）

現役時代のイチローは自分を変化させることに、とても敏感であった。多分日々変化している実感を味わうことは、最強のモチベーションの一つである。

あの「バカの壁」のベストセラーを書いた脳解剖学者、養老孟司さんはこう語っている。

「毎日がつまらない人は、『このままでいい。世界はいつも同じだ』と決めつけている人なんです」

私たちだけでなく、イチローのような一流のプロフェショナルにとっても、自分を変化させることには、勇気がいるのだ。本来私たちは「怠惰な動物」であり、放っておけば、現状維持という居心地の良いこの場所を優先してしまう。

しかし、それでは到底成長なんてできない。敢えて変化することを快感にしてしまおう。現役時代のイチローは、たとえ後退しても、それはマクロ的な視野に立てば成長していると考えていたはず。もっと言えば、彼は、「あえて遠回りすることも時には避けて通れない。むしろ、それこそが成長にとって不可欠な要素である」と、感じていたはず。だから、彼は偉大なのである。

「後退することも一つの進化」であり、たとえ後退したと感じても、「私は着実に成長している」と、もう一人の自分に語りかけよう。そういう人間だけが着実に成長していける。

最高の心理状態を作り上げてベストを尽くそう

イチローの言葉93

「結局、試合に出ていないと無理なんですよね。200本って。今シーズンは16試合の欠場だったんですけれども、これが限界ラインというか、怪我は絶対にできないんですよね。体調管理は絶対です」

（2009年シーズンを振り返って、体調管理の大切さについて語った言葉）

最高の心身の状態で試合に出続ける。これこそイチローを偉大なメジャーリーガーに仕立てた大きな要素。実は、イチローは2009年に16試合の欠場を余儀なくされた。9月に足の肉離れで8試合欠場したときの苦悩について、イチローはこう語っている。

「つまんなかったですね。ノーヒットでストレスをためる方が、よっぽどいい」

メジャーでは、安定した成績を残し続けない限り、たとえイチローのような一流のメジャーリーガーでもゲームに出場し続けることは不可能。つまり出場し続けることが彼の偉大さを物語っている。

1番打者は過酷である。打席数はチームで一番多いし、イチローの場合、間一髪でセーフを勝ち取るヒットが多いため、一塁まで全力疾走しなければならない。現役時代のイチローがどれほど走力にこだわって鍛練を積み重ねたかは、想像に難くない。

これはビジネス界でも通用する。**日々最高の心身の状態を作り上げて、仕事で最高の成果を挙げる。**現役時代のイチローがメジャーで実行したこのやり方を踏襲すれば、誰でも一流の仲間入りができる。

凄い成績を残すだけでなく、日々でき得る限りの摂生をしながら、長期間安定した成績を残すのもプロフェッショナルとして、立派な才能の一つなのである。

イチローの言葉94

「とりあえず、自分がいいと思ったもの、格好いいと思ったものを経済的に許す範囲でどんどん行けよ、と言ってあげたい」

（2010年のシーズン前の雑誌インタビューで、「18年前の鈴木一朗に何か言葉をかけることがあれば」という質問に答えて）

イチローのこの言葉は、日々切実感を持って行動することの大切さを私たちに教えてくれる。人生は後戻りできない。「何事も後悔先に立たず」である。**今やっておくことは今しかできない**のだ。そのことを普段から自分に語りかけよう。後で「やっとけばよかった」と後悔しても、もはや後の祭り。

私たちは、明日もこの惑星に生きているという意識が心の片隅に存在し、甘い人生を送ってしまっている。しかし、考えてもみてほしい。明日私たちが生きているという保証はどこにもない。今日の夕方、交通事故に遭って死ぬかもしれないし、ベッドに就いた後に心筋梗塞で死ぬかもしれない。

つまり、人生というのは今日24時間しかないのだ。昨日は済んでしまったこと。潔く忘れてしまおう。そして明日はまだ来ていないもの。それは明日考えればよい。

今日この24時間こそ、自分に与えられた人生のすべてという気概で精一杯完全燃焼しよう。だからやるべきことはすべてその日のうちに済ませてしまおう。今日のあなたは明日のあなたではない。人間は日々変化していく。今日の自分にやりたいことをやらせる。そういう心構えが大切なのである。

あなたを幸福にするのはあなたしかいない。そのことについて再認識してみよう。

感じることを最優先して自分だけの生き方を見つけよう

イチローの言葉95

「僕にはほかの人がそう言っているからといってそれでいいとは思えないし、思わない。あくまでも自分がどう感じるのかが大事だから」

（自分の生き方について語った言葉）

イチローのこの言葉で象徴されるように、「自分がどう感じるか？」を最優先させて物事の判断をしよう。そうすれば、たとえことがうまく運ばなくても、自分が感じたことを優先させたら後で後悔しない。

私たちは他人の噂を気にし過ぎる。その結果迎合して、自分の行動がブレてしまうことも珍しくない。自分の軸を持つことから始めてみよう。軸のない人間が自分を納得させることなどできない。

たとえことがうまく運んでも、他人の意見に迎合した行為なら、手放しで喜べないし、何か心の中に不完全燃焼感が残ってしまう。だから、自らの人生は自分自身で書いたシナリオに従って行動しよう。**結果がどのようになろうとも、「自分がどう感じたか？」ということを最優先し行動すれば充実した人生を送ることができる。**

常識に従って生きる人生なんて面白くもなんともない。確かに自分が感じたことを実行することには世間の風当たりが強いことは否めない。あるいは自分で考えて行動するよりも、他人のアドバイスに従って行動した方が楽である。

理由が見つからなくても、自分が感じることを最優先して、自分だけの生き方を見つけることが充実した人生を送るためには不可欠なのである。

趣味に没頭しているときの感覚を大事にしよう

イチローの言葉96

「野球を趣味か、仕事か、と聞かれれば僕の場合は限りなく趣味に近いです」

（自分の野球観について語った言葉）

仕事には制約が伴うことが驚くほど多い。結果、必然的に遊びというものがなくなる。車を安全に動かすためには、ハンドルに遊びがなければならない。ハンドルがガチガチの状態で運転すると、車はうまく制御できない。

一方、趣味をしているときの感覚で仕事をするとモチベーションが上がる。つまり、趣味に没頭している境地で仕事にのめり込めば、黙っていても成果が上がるのである。しかし、日本の土壌には環境がそれを許さない部分がある。

日本のビジネス社会では、仕事に真面目さのみが求められる。もっと言えば、一生懸命仕事に取り組んでいれば、少々成果が上がらなくても、「成果が上がらないけど、あいつはよく頑張っているよ」と、評価される。

一方、仕事で実績を挙げれば、しばらくは遊んでいてもいいはずなのに、それは許されない。しかし、もはやそんな時代ではない。理屈抜きに実績を挙げなければ話にならない。そこに甘えはまったく許されない。

あえて趣味に没頭している意識が仕事に適用できないか考えてみよう。自分の仕事を趣味のようにとらえてのめり込めば、黙っていても、私たちは実績を挙げることができるようになる。

仕事に関して決して妥協してはいけない

イチローの言葉97

「妥協をたくさんしてきたし、自分に負けたことも、いっぱいあります。ただ、野球に関しては、それがないというだけで」

（自分の生き方について語った言葉）

趣味に没頭しているときには、どんどん妥協すればよい。しかし仕事において少なくとも一流の人間は妥協を許さない。心の中に妥協がはびこると言い訳をする人間になり果ててしまう。仕事において、「ま、いいか」は禁句である。

現役時代のイチローは他人にも厳しかったが、自分にはもっと厳しかった。「ヒットを誰よりもたくさん打つ」。このシンプルなミッションをイチローは小さい頃から頑なに追い求めてきた。

あなたが人生を懸けて一番追求したいミッションは何だろう。それを1行で表現しよう。そして少なくともそのミッションにおいては絶対に妥協しないと、自らに語りかけよう。

日々そういう心構えで生きることにより、あなたから一切の妥協は退散してしまう。

妥協を許さないテーマは具体的であればあるほど好ましい。現役時代のイチローは、ホームランを打つことに関しては、まったく無頓着だった。しかし、ヒットを打つことに関しては28年の長いキャリアを通して、絶対妥協しなかった。彼はホームランよりもヒットに徹底したこだわりがあったから、偉大な記録を残したのだ。

趣味はともかく、こと仕事に関しては、徹底して妥協を許さない。そういう姿勢を貫けば、あなたは凄い成果を挙げることができるようになる。

あえてマニュアルから外れたところで努力しよう

イチローの言葉98

「いろんな世界のトップの人たちに会いましたけど、みんな口を揃えて言いましたよ。『自分のためにやってる』って」

（王貞治さんとの対談で語った言葉）

日本のスポーツ現場では、相変わらず「チームワーク」の大切さが繰り返し説かれる。その結果個の力が往々にして疎かになる。

実は、監督がことさらチームワークを強調するチームに強いチームはない。例えば、ニューヨーク・ヤンキースの監督が試合の前に全選手を集めて、「チームワークを重視してプレーしよう」と指示することはない。チームの勝利のために個の力を発揮すれば、監督がいちいち指示しなくてもチームは自然にまとまることを知っている。

確かに、マニュアル遵守は大切なこと。しかし、あえてマニュアルから外れたところで自分の成長を最優先するための努力が求められる。

これからの時代は、特異な才能を持たない置き換えの利く人間が生き残るのはとても難しい。だから、なんとしても、自分の〝売り〟となる技を獲得するための努力を積み重ねよう。ただし、上司はそのことについてアドバイスしてくれない。だから、自分の得意技は自分で自覚して磨くしかない。

それを怠ってリストラされても誰も助けてくれないし、もはや後の祭り。自分の得意技を徹底的に磨いてチームに貢献する。このことを片時も忘れてはならない。

信念を心の中に満たしてベストを尽くそう

イチローの言葉99

「パワーは要らないと思います。それより大事なのは、自分の『形』を持っていないといけないということです」

（自分のプレースタイルについて語った言葉）

信念がイチローを偉大なメジャーリーガーに仕立てたと、私は考えている。辞書で調べると、「信念」は、「正しいと信じる自分の考え」となる。自分の信じた道を貫き通す。そうすれば悔いのない人生を歩むことができる。それが正しいか、間違っているかは、それほどたいした問題ではない。

なぜ現役時代のイチローはスランプに陥っても、すぐにそこから脱出できたのか？ それは自分の軸を確立しているため、スランプから元の状況に戻れたから。

一方、軸のないアスリートは戻るところがないから途方に暮れてしまう。結果なかなかスランプを脱出することができない。

このことに関してニューヨーク・ヤンキースのエース田中将大投手はこう語っている。

「〝これだけは変えられない〟〝これだけはずっと持っていなければならない〟というものを大事にしてほしいです。ブレてはいけません。絶対に軸がないとダメです」

あなたは「誰がなんと言おうと、これだけは絶対に譲れない」というものがあるだろうか？ もしもそれがないなら、今すぐそれを仕事の中から見つけ出そう。そうすれば今以上に納得した人生を歩むことができるようになる。

心の中に「執念」を育てよう

イチローの言葉100

「一番になりたかったですね。僕は、ナンバーワンになりたい人ですから。オンリーワンの方がいいなんて言っている甘い奴が大嫌い。僕は。この世界に生きているものとしてはね。競争の世界ですから」

（2008年シーズンに213安打でフィニッシュした試合後に語った言葉）

この世の中は競争社会。趣味の世界ならまだしも、仕事において「オンリーワン」では弱過ぎるのだ。誰も興味を示さないところでいくら一番になっても決して一流の仲間入りなんかできない。

厳しい競り合いを通して切磋琢磨して、初めて置き換えの利かない才能を身に付けることができる。だから、理屈抜きに自分を厳しい状況に追い込んでベストを尽くそう。

努力しなくても実現できる「オンリーワン」を捨てて、一番になれなくてもいいから、厳しい試練を味わうことを厭わずに、その真っ只中で揉まれよう。

安易な成功よりも、厳しい闘いの中で失敗を積み重ねながら自分の才能を目一杯発揮することに努めたら、着実に実力が身に付いていく。同時にそういう環境に身を投じることにより、一流の人間特有の「やり抜く力」や「粘り抜く力」を獲得できる。

自信よりも執念のほうが明らかに強い。どんな逆境に陥っても投げ出さないで最後までやり抜くためには自信ではなく執念を持って仕事と格闘するしかない。

何でも便利になっている情報化社会だからこそ、忘れられかけている「執念」という資質が求められるようになる。

巻末付録

イチロー引退会見全文

イチロー選手引退会見
2019年3月21日@東京
（約1時間25分）

引退を決めたタイミング

――（司会）まず、イチロー選手からみなさまにご挨拶がございます。

こんなにいるの？ びっくりするわ。そうですか。こんなに遅い時間にお集まりいただいてありがとうございます。

今日のゲームを最後に、日本で9年、アメリカで19年目に突入したところだったんですけど、現役生活に終止符を打ち、引退することになりました。

最後にこのユニホームを着て、この日を迎えられたことを大変幸せに感じています。この28年を振り返るにはあまりにも長い時間だったので、ここで一つ一つ振り返ることは難しいこともあって、ここではこれまで応援していただいた方々への感謝の思い、球団関係者、チームメイトに感謝を申し上げて、みなさまからの質問があれば、できる限りお答えしたいというふうに思っています。

――現役として選手生活に終止符を打つことを決めたタイミング、そしてその理由をお聞かせください。

タイミングはですね、キャンプ終盤ですね。日本に戻ってくる何日前ですかね。終盤に入ったときです。

もともと日本でプレーする、東京ドームでプレーするというのが契約上の予定でもあったんですけど、キャンプ終盤で結果を出せず、それを覆すことができなかったということですね。

――いま、その決断になにか後悔だったりとか、思い残したところはないでしょうか?

今日のあの球場での出来事…。あんなものを見せられたら、後悔などあろうはずがありません。

もちろん、もっとできたことはあると思いますけど、結果を残すために自分なりに重ねてきたこと、他人よりも頑張ったということはとても言えないですけど。そんなことは言えないですけれども、自分なりに頑張ってきたということははっきりと言えるので、これを重ねてきて。重ねることでしか後悔を生まないということはできないのではないかなと思います。

——本当にこれまで数多くの感動、夢をありがとうございます。今テレビを通して、多くの子どもたちが見ていると思います。これから野球を始める子もいます。そんな子どもたちに、ぜひメッセージをお願いします。

シンプルだな、メッセージかぁ。苦手なのだな、僕が。野球だけでなくてもいいんですよね、始めるものは。

自分が熱中できるもの、夢中になれるものを見つけられれば、それに向かってエネルギーを注げるので、それを早く見つけてほしいと思います。

それが見つかれば、立ちはだかる壁にも向かっていける。向かうことができると思うんですね。いろんなことにトライして、『自分に向くか、向かないか』というよりも、自分の好きなものを見つけてほしいなと思います。

28年間貫いてきた〝野球愛〟

――イチロー選手が熱中されてきた、28年あまりにも長かったとおっしゃっていましたけれど、1992年に一軍デビューされて、これまで、今これをうかがうのは酷かもしれませんけど、今ふと思い返して、このシーンが一番印象に残っているというものをぜひ教えてください。

う～ん、今日を除いてですよね？　このあと時間が経ったら、今日が一番真っ先に浮かぶのは間違いないと思います。

それを除くとしたら、いろいろな記録に立ち向かってきたんですけど、う～ん、そういうものはたいしたことではない。自分にとって、それを目指してやってきたんですけど。いずれ、それは僕ら後輩が先輩たちの記録を抜いていくのはしなくてはいけないことだと思うんですけれども、そのことにそれほど大きな意味はないというか。そんなふうに今日の瞬間を体験すると、すごく小さく見えてしまうんですよね。

その点で、例えば、分かりやすい10年200本続けてきたこととか、MVPを取ったとか、オールスターでどうたらっていうことというのは、本当に小さいことだと思います。

今日のこの舞台に、あの舞台に立てたということは、去年の5月以降ゲームに出られない状況で、その後もチームと一緒に練習を続けてきたわけですけれども、それを最後まで成し遂げなければ、成し遂げられなければ、今日のこの日はなかったと思うんですよね。今まで残してきた記録はいずれ誰かが抜いていくと思うんですけれども、去年の5月からシーズン最後の日まで、あの日々はひょっとしたら誰もできないかもしれない、というふうな、ささやかな誇りを生んだ日々であったんですね。

そのことが、去年の話だから近いということもあるんですけど、どの記録よりも、自分の中では、ほんの少しだけ誇りを持てたかな、というふうに思います。


――さきほど、たくさんのファンの方に支えられて、というふうに、イチロー選手自身がおっしゃっていましたけれども、今日も〝イチ・メーター〟で知られるエイミーさんがライトスタンドで見守っていましたけれども、どんなチームでも状況でも応援してくれたファンの存在は、イチロー選手にとっていかがでしょうか。


ゲーム後に、あんなことが起こるとはとても想像していなかったですけど、実際にそれが起きて…。19年目のシーズンをアメリカで迎えていたんですけど、なかなか日本のファンの方の熱量っていうのは、普段感じることは難しいんですよね。

でも、久しぶりにこのように東京ドームに来て、ゲームは静かに、基本的には静かに進んでいくんですけれども、なんとなく印象として、日本の方というのは表現するのが苦手というか、そんな印象があったんですけれども、それが完全に覆りましたね。

その内側に持っている熱い思いが確実にそこにあるということ。そして、それを表現したというときのその迫力というものが、とても今まで想像できなかったことです。

ですから、これは特別な、もっとも特別な瞬間になりますけれども、あるときまでは自分のためにプレーすることがチームのためにもなるし、見てくれる人も喜んでくれるかなと思っていたんですけど。ニューヨークに行った後くらいにですね、人に喜んでもらえることが、一番の喜びに変わってきたんですね。

その点で、ファンの方々なくしては自分のエネルギーはない、と言ってもいいと思うんですね。え? おかしなこと言っています? 僕（笑）。大丈夫ですか。

――イチロー選手が貫いたもの、貫けたものとはなんでしょうか。

野球のことを愛したことだと思います。これは変わることはなかったですね。おかしなこと言っています? 僕。大丈夫!?（笑）。

――グリフィー（ケン・グリフィー・ジュニア）が肩の力を抜いたとき、肩の荷を下ろしたときに、違う野球が見えて、また楽しくなるという話をされていたんですけれども、そういう瞬間はあったのでしょうか? そういう野球が変わる、自分のとらえ方、向き合い方が変わるという…。

ないですね、これはないです。ただ、子どもの頃からプロ野球選手になることが夢で、それが叶って、最初の2年、18～19（歳）の頃は1軍を行ったり来たり。行ったり来たり? 1軍に行ったり、2軍に行ったりっておかしい? 行ったり行かなかったり? 行ったたり来たりっておかしい? 行ったり来たりって、いつもいるみたいな感じだね。行ったり来たりっておかしい? どう言ったらいいんだ? 1軍行ったり2軍に行ったり? そうか。これが正しいか。

そういう状態でやっている野球はけっこう楽しかったんですよ。

それで、1994年、3年目ですね。仰木(彬)監督と出会って、レギュラーで初めて使っていただいたんですけれども、この年まででしたね、楽しかったのは。

あとはその頃から急に番付を上げられちゃって、一気に。それはずっとしんどかったです。やっぱり力以上の評価をされるというのは、とても苦しいんですよね。だから、そこからはもう、純粋に楽しいなんていうことは…。やりがいがあること、達成感を味わうこと、満足感を味わうことはたくさんありました。ただ、それは楽しいかっていうと、それと違うんですよね。

でも、そういう時間を過ごしてきて、将来はまた楽しい野球をやりたいな、というふうに。それは皮肉なもので、プロ野球選手になりたいという夢が叶った後は、そうじゃない野球をまた夢見ている自分があるときから存在したんですね。

これは中途半端に、プロ野球生活を過ごしてきた人間にはおそらく待っていないもの。

趣味で野球をやる、例えば草野球ですよね。草野球に対して。やっぱりプロ野球でそれなりに苦しんだ人間でないと、草野球を楽しむことができないのではないか、というふうに思っているので。これからはそんな野球をやってみたいな、というふうな思いですね。おかしなことを言っています? 僕。大丈夫!?（笑）。

去年の春で終わっていてもおかしくなかった

——開幕シリーズを大きなギフトとおっしゃっていました。今回、私たちの方が大きなギフトをもらったような気がするんです。

そんな、アナウンサーっぽいことを言わないでくださいよ（笑）。

——イチロー選手は、またこれからどんなギフトを私たちにくださるんでしょうか。

ないですよ、そんなの（笑）。そんな無茶言わないでくださいよ。いやでも、これは本当に大きなギフトで。去年、3月の頭にマリナーズからオファーをいただいて…からの今日までの流れがあるんですけれども、あそこで終わってても全然おかしくないですからね。去年の春で終わっていてもまったくおかしくない状況ですから。今、この状況が信じられないですよ。

あのとき考えていたのは、自分がオフの間、アメリカでプレーするための準備をするっていう場所は神戸の球場なんですけど、そこで寒い時期に練習するので、へこむんですよね。やっぱり心が折れるんですよ。

でも、そんなときもいつも仲間に支えられてやってきたんですけど、最後は今まで自分なりに訓練を重ねてきたその神戸の球場で、ひっそりと終わるかなっていうふうに、あのとき想像していたので。もう夢みたいですよ、こんなの。これも大きなギフトです、僕にとっては。

だから、質問に答えていないですけど（笑）、僕からのギフトなんてないです（爆笑）。

――今日は涙がなく、笑顔が多いように見えたのは、この開幕シリーズが楽しかったということなのでしょうか。

えっと、これも純粋に楽しいということではないんですよね。やっぱり、誰かの思いを背負うというのは、それなりに重いことなので。そうやって1打席1打席立つことって簡単ではないんですね。だから、すごく疲れました。

やっぱり1本ヒット打ちたかったし、応えたいって当然ですよね。僕には感情がないと思っている人もいるみたいですけど、あるんですよ、意外にあるんですよ（笑）。

だから、結果を残して最後を迎えられたら一番いいなと思っていたんですけど、それは叶わずで。

それでもあんなふうに、球場に残ってくれて…。

まあ、そうしないですけど、死んでもいいという気持ちはこういうことなんだろうな、と思います。死なないですけど。そういう表現をするときって、こういうときなのかな、というふうに思います。

――常々、最低50歳まで現役とおっしゃっていましたが、日本のプロ野球に戻ってきてプレーをするという選択肢は、イチローさんの中にはなかったのでしょうか。

なかったですね。

――どうしてでしょうか？

それはここで言えないなぁ（笑）。ただね、50歳まで…。たしかに、最低50歳までって本当に思っていたし、それは叶わずで、有言不実行の男になってしまったわけですけれども、その表現をしてこなかったら、ここまでできなかったかな、という思いはあります。だから、こう言葉にすること。難しいかもしれないけど、言葉にして表現するっていうことは、目標に近づくひとつの方法ではないかな、というふうに思っています。

少しずつの積み重ねでしか自分を超えていけない

――これまで膨大な時間を野球に費やしてこられたと思うんですけれども、これからそういう膨大な時間とどのように付き合われていくのでしょうか。

これからの膨大な時間、ということですか？　それとも、これからの膨大な時間とどう付き合うか、ということですか？

――これから、野球に費やしてきた時間、それが空くという前提で、どうされていくのかを…。

ちょっと今は分からないですね。ただ、たぶん明日もトレーニングをしていますよ。うん。それは変わらないでしょうね。僕はじっとしていられないから。それは動き回っているでしょうね。だからゆっくりしたいとかは全然ないんですよ。全然ないです。たぶん動き回っています。

――メジャーリーグでもご活躍されまして、日本人としてイチロー選手をとても誇りに思っている方がとても多いと思いますが、イチロー選手の生き様で、ファンの方に伝えられること、伝わったら嬉しいな、ということはありますか。

生き様というのは僕にはよく分からないんですれど、うん、まあ、生き方というふうに考えれば、先ほどもお話ししましたけれども、人より頑張ることなんて、とてもできないんですよね。

あくまでも、「秤」は自分の中にある。それで自分なりにその秤を使いながら、自分の限界を見ながら、ちょっと超えていく、ということを繰り返していく。そうすると、いつの間にか、こんな自分になっているんだ、という状態になって。

だから、少しずつの積み重ねが…それでしか、自分を超えていけないっていうふうに思うんですよね。一気になんか高みに行こうとすると、今の自分の状態とギャップがあり過ぎて、それは続けられない、と僕は考えているので。地道に進むしかない。進むというか、進むだけではないですね。後退しながら。あるときは後退しかしない時期もあると思うので。でも、自分がやると決めたことを信じてやっていく。

でも、それは正解とは限らないですよね。間違ったことを続けていることもあるんですけど。でもそうやって遠回りをすることでしか、本当の自分に出会えないというか、そんな気がしているので。

そうやって自分なりに重ねてきたことを、今日のゲーム後のファンの方の…気持ちですよね。それを見たときに、ひょっとしたらそんなところを見ていただいていたのかな、というふうに。それはうれしかったです。そうであればうれしいし、そうじゃなくてもうれしいです、あれは。

――すごくシンプルな質問ですけど、現役選手を終えたら、一般的にはこの世界で監督や指導者になったり、あるいはまったく違うタレントになったりと…。

あまりシンプルじゃないですね。

――イチロー選手は、何になるんですか?

何になるんだろうね。そもそもさ、カタカナのイチローってどうなるんですかね? なんか、「元カタカナのイチロー」みたいになるんですかね? あれ、どうなんだろう。どうなんだろ、あれ。「元イチロー」って変だよね? いやイチローだし、僕。音がイチロー(一朗)だから。書くとき、どうなるんだろうね。どうしよっか。なんになる?

うーん、でも監督は絶対無理ですよ。これは絶対がつきます。うん、人望がない。本当に。人望がないですよ、僕。

――そうでもないと思いますけどね。

いやー、無理ですね。それぐらいの判断能力は備えているので。ただ、どうでしょうね。ま、プロの選手とか、プロの世界というよりも、アマチュアとプロの壁が、どうしても日本の場合、特殊な形で存在しているので。今日をもってどうなんですかね? そういうルールって。どうなんだろうか。今までややこしいじゃないですか。たとえば極端に言えば、自分に子どもがいたとして、高校生であるとすると、教えられなかったりとかっていうルールですよね? 違う?

――そうです。

そうだよね。だから、そういうのって、なんか変な感じじゃないですか。今日をもって、

「元イチロー」になるので、それは小さな子どもなのか、中学生なのか、高校生なのか、大学生になるのかは分からないですけど、そこには興味がありますね。うん。

マリナーズ以外に行く気持ちはなかった

——先ほど引退を決めた時期というのが、キャンプの終盤というお話があったんですけれども、そこに至る以前にも、引退について悩んだ時期というのは何度かあったのでしょうか。

引退というよりは、クビになるんじゃないか、はいつもありましたね。ニューヨークに行ってからは、毎日そんな感じです。マイアミもそうでしたけど。ニューヨークってみなさんご存じかどうか分からないですけど、特殊な場所です。マーリンズも違った意味で特殊な場所です。だから毎日そんなメンタリティで過ごしていたんですね。そのクビになるときは、まさにそのときだろうと思っていたので。そんなの、しょっちゅうありました。

——そういう時期がずっと続いている中で、今回、その引退を決断された理由というのをズ

バリ伺いたいのですが…。

マリナーズ以外に行く気持ちはなかった、ということは大きいですよね。去年、シアトルに戻していただいて、本当にうれしかったし。先ほどキャンプ前のオファーがある前の話をしましたけど、その後5月にゲームに出られなくなる、あのときも引退のタイミングでもおかしくないんですよね。でも、この春に向けてまだ可能性がある、というふうに伝えられていたので、そこも自分なりに頑張ってこられた、ということだと思うんですけど。

質問なんでしたっけ？

――引退という文字が、今まであったにもかかわらず、続けてきて。そして今回、引退を決めた理由、です。

そうか、もう答えちゃったね（笑）。

――今日の試合で、ベンチに戻る際に菊池雄星選手が号泣されていて…。

いやもう、号泣中の号泣でした、アイツ。いやもう、ビックリしましたよ。それ見て、こっちはちょっと、笑っていましたけどね。

――抱擁されていたときに、どんな会話を(していたのか)知りたいなあ、と。あのシーンを見て思ったんですが。

それはもうプライベートなんで(笑)。雄星がそれをお伝えするのは構わないですけど、それを僕がお伝えすることではないですね。

――秘密、ということですか。

それはそうでしょう。だって、ふたりの会話だから。しかも、僕から声を掛けているので、それをここで、僕が「こんなことを言いました」って、バカですよね？ 絶対に信頼されないもんね、そんな人間は。うん。それはダメです。

最初のキャンプは『日本に帰れ！』と言われていた

――日本での特別な日でしたが、アメリカのファンへのメッセージもいただきたいのですが…。

19年ですよ？ アメリカのファンの方々は、最初は厳しかったですよ。最初の2001年のキャンプなんかは、もう『日本に帰れ！』って、しょっちゅう言われましたよ。だけど、結果を残した後の、その敬意というのは…これを評価するのかどうか分からないですけど、手のひらを返すという言い方もできてしまうので。ただ、言葉ではなくて行動で示したときの敬意の示し方、というのは…その迫力はあるな、という印象ですよね。

だから、なかなか入れてもらえないんですけど、入れてもらった後はすごく近くなるというような印象で、がっちり関係ができあがる。シアトルのファンとはそれができたような。それは僕の勝手な印象ですけど。

ニューヨークっていうのは、まあ厳しいところでしたね。でも、やれば、どこよりも、どのエリアの人たちよりも熱い思いがある。

マイアミというのはラテンの文化が強い印象で、圧はそれほどないんですけど、でも結果を残さなかったら絶対に人は来てくれないっていう、そんな場所でしたね。それぞれに特色があって面白かったですし、それぞれの場所で関係を築けたような…それぞれ特色はありましたけど。

なんかアメリカは広いなぁと。ファンの人たちの特徴を見るだけで、アメリカはすごく広いな、という印象ですけど。でもやっぱり、最後にシアトルのユニホームを着て、セーフィコ・フィールドではなくなってしまいましたけれど、姿をお見せできなくて。それは申し訳ない思いがあります。

——先ほどニューヨークに行ってから、マイアミに行ってから、つねにクビになるのではないかという意識があったとお話がありました。イチロー選手は大変ユニークなTシャツがよく話題に上ると思うのですが、着ているTシャツで「もう限界」「もう無理」とかいろいろ書いてありましたが、あれはイチロー選手の心情が表れていたり、アピールをされていたりしたのでしょうか。それともまったく関係なかったのでしょうか。ただ好きで着ているとか…。

そこは言うと急に野暮ったくなるから、それは言わない方がいいんだよね（笑）。それは見る側の解釈だから。そうとらえれば、そうとらえることもできるし、全然関係ない可能性もあるし。それでいいんじゃないですか。

――ファンにそこは好きに楽しんでいていただきたいと？

だってそういうものでしょう。いちいちそれ説明すると、本当に野暮ったいもんね。

――言わないほうが粋だと？

粋だって自分では言わないけどね。言うと、無粋であることは間違いないですよね。

妻におにぎり3000個握らせてあげたかった

――イチローさんは、よく24時間を野球のために使ってきたと、ご自身でおっしゃいますけ

れども、そのイチローさんを支えてきたのは、やはり弓子夫人だと思います。これだけたくさんの方がいる中で、イチローさんを支え続けた弓子さんへの言葉っていうのを聞くのはちょっと野暮かもとも思いますが、あえて今日は聞かせていただきます。

いやー頑張ってくれましたね。一番頑張ってくれたと思います。

僕はアメリカで結局3089本のヒットを打ったわけですけど、妻はですね、およそ…僕はゲーム前にホームのときはおにぎりを食べるんですね。妻が握ってくれたおにぎりを球場に持っていって食べるわけですけど、その数が2800個くらいだったんですよ。3000いかなかったみたいですね。そこはうん、3000個握らせてあげたかったなと思います。

妻もそうですけど、まぁとにかく頑張ってくれました。僕はゆっくりする気はないですけど、妻にはゆっくりしてもらいたいと思ってます。

それと一弓（いっきゅう）ですね。一弓というのはご存じない方もいらっしゃると思いますけど、我が家の愛犬ですね。柴犬なんですけど。

現在17歳と何か月だろう、7か月かな。今年で18歳になろうかという柴犬なんですけれども、さすがにおじいちゃんになってきて、毎日フラフラなんですが、懸命に生きているんですよね。その姿を見ていたら、それはオレ頑張らなきゃなって。これはもうジョークとかではなくて、本当に思いました。

あの懸命に生きる姿。(一弓は)2001年に生まれて、2002年にシアトルの我が家に来たんですけど、まさか最後まで一緒に、僕が現役を終えるときまで一緒に過ごせるとは思っていなかったので、これは大変感慨深いですよね。一弓の姿というのは。

もう本当に妻と一弓には、うん、もう、感謝の思いしかないですね。

――キャンプの終盤に引退を決められたということですが、素人が技術のことを質問するのは大変恐縮なのですが、打席内の感覚の変化というのは、今年は何があったのでしょうか。

いる? それ、ここで。

――はい。

いる? 裏で話すわ、あとで。裏で(笑)。

――これまでイチロー選手は、数多くの決断と戦ってきたと思います。例えば、2000年の移籍、2006年WBC(ワールド・ベースボール・クラシック)参加、2007年オフのマリナーズとの契約延長、2012年のニューヨークの移籍もそうかもしれませんが、その中で、いままで一番考え抜いて決断したものは、何だったのでしょうか。

これ、順番を付けられないですね。それぞれが一番だと思います。

ただ、アメリカでプレーするために、当時、今とは違う形のポスティングシステムだったんですけど、自分の思いだけでは当然それは叶わないので、当然球団からの了承がないと行けないんですね。

そのときに、誰をこちら側…こちら側っていうと敵、味方みたいでおかしいんですけど、球団にいる誰かを口説かないといけない、説得しないといけないというか。そのときに一番に浮かんだのが仰木監督ですね。

その何年か前からアメリカでプレーしたいという思いは伝えていたこともあったんです

けれど、なんか仰木監督だったらおいしいご飯でお酒を飲ませたら…飲ませたらってこれはあえて言っていますけど、これはうまくいくんじゃないかと思ったら、まんまとうまくいって。これが、これがなかったら、何も始まらなかったので。口説く相手に仰木監督を選んだのは大きかったなと思いますね。

また、『ダメだ。ダメだ』とおっしゃっていたものが、お酒でこんなに変わってくれるんだと思って、お酒の力をまざまざと見ましたし。でもやっぱり、酒落た人だったなっていうふうに思いますね。うん、だから仰木監督から学んだもの、計り知れないと思います。

――この会見を開いた日が、第1回WBCで日本が優勝した日と同じ日ですが、運命的なものがあるのかなと勝手に思ったのですが…。

ま、聞かされれば、そう思うこともできるという程度ですかね（笑）。僕はそのことは知らなかったですけど。

大谷翔平は世界一の選手にならないといけない

——イチロー選手が現役時代、一番我慢したこと、我慢したものは、なんだったのでしょうか。

難しい質問だなあ。僕、我慢できない人なんですよ。我慢が苦手で、楽なこと、楽なことを重ねているっていう感じなんですね。自分ができること、やりたいことを重ねているので、我慢の感覚はないんですけど。だから、とにかく身体を動かしたくてしょうがないので、身体をこんなに動かしちゃダメだっていうことで、身体を動かすことを我慢することはたくさんありました。

それ以外は、なるべくストレスがないような、自分にとってですね、ストレスがないように、というふうに考えて行動してきたつもりなので。

家では、妻が料理をいろいろ考えて作ってくれますけど、これロードに出るとなんでもいいわけですよね。無茶苦茶ですよ、ロードの食生活なんて。だから我慢できないから、結局そういうことになってしまうんですけど、そんな感じなんです。だから今、聞かれたような趣旨の我慢は思い当たらないですね。おかしなこと言っていますか？　僕（笑）。

——台湾にはイチローさんのファンがたくさんいまして、なにか台湾のファンに伝えたいことがあれば。台湾に行きたいなど、なにか言うことはありますか。

（元中日ドラゴンズの）チェン（・ウェイン）が元気か知りたいですね。（マーリンズで）チームメートでしたから。チェンは元気にやっていますかね？

——はい。

それが聞けて何よりです。今のところ（台湾に行く）予定はないけど、でも以前に行ったことがあるんですよ、一度。すごく優しい印象でしたね。心が優しくて、なんかいいなあと思いました。ありがとうございます。

——今年、菊池雄星投手が同じマリナーズに入って、昨年はエンゼルスに大谷翔平選手が入りました。イチロー選手が後輩たちに託したいものはありますか。

雄星のデビューの日に僕が引退を迎えたのは、なにかいいなあと思っていて…。もう『ちゃんとやれよ』っていう思いですね。

あの、うーん、短い時間でしたけど、すごくいい子で。やっぱり、いろんな選手を見てきたんですけど、左ピッチャーの先発って変わっている子が多いんですよ（笑）。本当に。天才肌が多いという言い方もできるんですかね。アメリカでもまあ多いです。だから、こんなにいい子いるのかなっていう感じですよ、ここまで。今日まで。

でも、キャンプ地から日本に飛行機で移動してくるわけですけど、チームはドレスコードですね、服装のルールが黒のセットアップ、ジャージのセットアップでオーケー。長旅なので、できるだけ楽に、という配慮ですけど、『雄星、俺たちどうする？』って。『アリゾナを発つときはいいんだけれども、日本に着いたときにさすがにジャージはダメだろ』って二人で話していたんですね。

『そうですよね、イチローさん、どうするんですか？』って。『僕はまあ、中はTシャツだけどセットアップでジャケット着ているようにしようかな』って。『じゃあ、僕もそうします』って、雄星が言うんです。

で、キャンプ地を発つときのバスの中で、みんなも僕もそうでしたけど、黒のジャージのセットアップでみんなバスに乗り込んできて。雄星と席が近かったので、『雄星やっぱり、これダメだよな。日本に着いたときに、メジャーリーガーがこれはダメだろ』ってバスの中で言っていたんですよね。『いや、そうですよね』って。

そうしたら、あいつ、まさか羽田に着いたときに黒のジャージでしたからね（笑）。いや、コイツ大物だなって思って。ぶったまげました。

それは、本人に聞いてないんですけど、その真相は。何があったのか分からないですけど。やっぱり、左ピッチャーは変わったヤツが多いなと思ったんですね。でも、スケール感は出てました。うん。頑張ってほしいです。

翔平は、もうちゃんとケガを治して。スケールの、物理的にも大きいわけですし、アメリカの選手にまったくサイズ的にも劣らない。で、あのサイズで、あの機敏な動きができるというのはいないですからね、それだけで、いやもう、世界一の選手にならなきゃいけないですよ、うん。

成功という言葉は嫌いだけれど…

――野球への愛を貫いてきた、というお話でしたけれども、イチロー選手が感じていた野球の魅力とはどんなものでしょうか。また、イチロー選手が引退して悲しんでいるファンの方々が、これからイチロー選手のいない野球をどんなふうに楽しめばいいのか教えてください。

最初（の質問）、なんでしたっけ？

――野球の魅力です。

ああ、野球の魅力ね。

団体競技なんですけど、個人競技だっていうところですかね。これが野球の面白いところです。チームが勝てばそれでいいかというと、全然そんなことないですよね。個人としても結果を残さないと、生きていくことはできないですよね。

本来はチームとして勝っていれば、チームとしてのクオリティが高いはずなので、それでいいんじゃないかっていう考え方もできるかもしれないですけれども、決してそうではない。その厳しさが面白いところかなっていうふうに、面白いというか、魅力であることは間違いないですね。

あと、同じ瞬間がない、ということ。必ずどの瞬間も違う、ということ。これは飽きがこないですよね。

二つ目はどうやって楽しんだらいいか、ですか。2001年に僕がアメリカに来てから、2019年現在の野球は、まったく違うものになりました。頭を使わなくてもできてしまう野球になりつつあるような。選手も現場にいる人たちもみんな感じていることだと思うんですけど、これがどうやって変化していくのか。次の5年、10年、しばらくはこの流れは止まらないと思うんですけど。本来は野球というのは……ダメだな、これを言うとなんか問題になりそうだな。問題になりそうだな、う ーん。

(野球は) 頭を使わなきゃできない競技なんですよ、本来は。でもそうじゃなくなってきているというのがどうも気持ち悪くて。ベースボール、野球の発祥はアメリカですから。その野球が現状そうなってきている、ということに危機感を持っている人って結構いると思うんですよね。

だから、日本の野球がアメリカの野球に追従する必要なんてまったくなくて、やっぱり日本の野球は頭を使う面白い野球であってほしいなと思います。アメリカのこの流れは止まらないので、せめて日本の野球は決して変わってはいけないこと、大切にしなくてはいけないものを、大切にしてほしいなと思います。

——3089本のヒットを打たれたメジャーリーグの試合、2653試合プレーされてきました。(メジャーでの)最初の試合、ハドソンから4打席目にヒットを打ちました。最初の対戦がアスレチックス、今回最後の試合もアスレチックス。今日の4打席目で、私はそのときを想像したのですが、1年目のオープニングゲームのことを思い出したことはあったのでしょうか。

長い質問に対して大変失礼なんですけど、ないですね。

——子どもの頃からの夢であるプロ野球選手になる、という夢を叶えて、これだけ成功なさって、イチローさんは今、なにを得たと思いますか。

成功かどうかってよく分からないですよね。じゃあどこからが成功で、そうじゃないのかって。まったく僕にはそれは判断できない。成功という言葉は…だから僕は嫌いなんですけど。

メジャーリーグに挑戦する、どの世界でもそうですね、新しい世界に挑戦するということは大変な勇気だと思うんですけど。でも成功、ここはあえて成功と表現しますけど、成功すると思うからやってみたい。それができないと思うから行かないという判断基準では後悔を生むだろうなと思います。

やりたいなら、やってみればいい。できると思うから挑戦するのではなくて、やりたいと思えば挑戦すればいい。そのときにどんな結果が出ようとも後悔はないと思うんですよね。ただ、自分なりの成功を勝ち取ったところで、達成感があるのかというと、それも僕には疑問なので。

基本的にはやりたいと思ったことに向かっていきたいですよね。うん。

――そこで、なにかを得たか、ということは？

うん、『ま、こんなものかな?』という感覚ですかね。それは200本もっと打ちたかったたし、できると思ったたし。1年目にチームは116勝して、その次の2年間も93勝して。要は勝つのってそんなに難しいことじゃないなって、その3年は思っていたんですけど…大変なことです、勝利するのは。この感覚を得たことは大きいかもしれないですね。

選手を続けることでしか恩返しができないと考えていた

——メジャーでの年数も長かったですけど、毎年自主トレでも神戸に行かれていて、ユニホームを脱がれることで、今度は神戸になにか恩返しをしたいという気持ちがあれば教えてください。

神戸は特別な街です、僕にとって。恩返しかぁ…、恩返しってなにすることなんですかね? 僕は選手として続けることでしか、それができないと考えていたこともあって、できるだけ長く現役を続けたいと思っていたこともあるんですね。神戸に恩返し、うーん。じゃあ、税金を少しでも払えるように頑張ります。

——日米で活躍される選手は、今までも甲子園に出て、プロ野球に入って活躍して、そしてメジャーに挑戦、という流れがあると思うんですけれども、ご自身の経験を振り返って、もっとこんな制度があれば、メジャーに挑戦しやすかった、あるいは、日本のプロ野球界に残ったということが、もしあれば教えてください。育成制度などもあわせてなにか提言があれば…。

制度に関しては、僕は詳しくないんですけど…、でも日本で基礎を作る、自分が将来MLBでプレーする、というふうな考え方があれば、できるだけ早くというのは分かりますけど、日本の野球で鍛えられることってたくさんあるんですよね。だから、制度だけに目を向けるのはフェアではないかな、と思いますけどね。

——とくに、日本の野球で鍛えられたことはありますか。

いや、基本的な基礎の動きって、どうですかね、おそらくメジャーリーグの選手より、日本だったら中学生レベルの方がうまい可能性だってありますよ、うん。それはチームとしての連係もあるじゃないですか。そんなの言わなくたってできますからね、日本の野球では。でも、こちら（アメリカ）ではなかなかそこは…。個人としてのポテンシャル、運動能力は高いですけど、そこにはかなり苦しみましたよ。苦しんで、あきらめましたよ。

——個人的にエンゼルスの大谷（翔平）選手との対戦を楽しみにしていたのですが、それが叶わなくなったということで、イチローさんとしては、今もまだ大谷選手と対戦したかったという思いはおありですか。また、大谷選手の今後に期待することがあれば、ひと言お願いします。

先ほどもお伝えしましたけど、世界一の選手にならないといけない選手ですよ。そう考えています。翔平との対戦、残念ですけど、できれば僕がピッチャー、翔平がバッターでやりたかったんですよ。そこは誤解なきよう、お願いいたします（笑）。

——今後、大谷選手はどのようなメジャーリーガーになっていくと思いますか。

なっていくかどうか？　そこは占い師に聞いてもらわないと分からないけどねぇ。でも、投げることも、打つこともやるのであれば、僕は1シーズンごとに、1シーズンはピッチャー、次のシーズンは打者として、それでサイ・ヤング（賞）とホームラン王を獲ったら…。そんなこと考えることなんて、できないですよ。

でも、翔平はその想像をさせるじゃないですか、人に。この時点でもう明らかに人とは違う、明らかに違う選手であると思います。その二刀流は面白いなと思いますね。

（記者に向かって）納得いっていない感じの表情ですけど（笑）。

投手として20勝するシーズンがあって、その翌年には50本打ってMVP獲ったら化け物ですよね。でも、それが想像できなくはないですからね。そんなふうに思っています。

草野球を極める野球選手になる

——あるアスリート選手の方にうかがったのですが、自分が現役選手でなくなったことを想像するのは嫌だとイチロー選手に言ったのですが、イチロー選手が自分も嫌だ、と。野球選手でなくなった自分が想像できない、とおっしゃったと聞きましたが？

僕は嫌だって言わないと思うけどね。野球選手じゃない僕を想像するのは嫌だって言っていないと思いますよ。

――では改めて、野球選手ではない自分を想像していかがですか。

いや、だから、違う野球選手になっていますよ。あれ? この話さっきしましたよね? おなか減ってきて集中力が切れてきちゃって、さっきなに話したのかも記憶が…。さっき草野球の話をしましたよね? そっちでいずれ、それは楽しくやっていると思うんですけど。そうすると、きっと草野球を極めたいと思うんですよね。真剣に草野球を極める野球選手になるんじゃないですか、結局。聞いてます?

――はい。

――(司会)時間が迫ってきました。

おなか減ってきた。結構やってないですか、これ？ 今、時間どれくらい？ 1時間20分？ あらー、今日はとことんお付き合いしようかなと思ったんですけどね。おなか減ってきちゃった（笑）。

――（司会）では、あとおふたりにします。

――プロ野球人生を振り返って、誇れること、普段そういう話はお好きではないと思うんですが…。

これ、先ほどお話ししましたよね？（質問者の）小林くんもちょっと集中力切れてるんじゃないの？ 完全にその話、したよね？

――すみません（苦笑）。

ほら、それで1問減ってしまうんだから（笑）。

――イチロー選手の小学校の卒業文集が有名だと思います。「ぼくの夢は一流のプロ野球選手になることです」という言葉から始まりますが、それを書いた当時のご自身にどんな言葉をかけたいですか。

お前、契約金1億（円）ももらえないよって（笑）、ですね。いや、夢は大きく、と言いますけどね、なかなか難しいですよ。『ドラ1の1億』って掲げていましたけど、全然遠く及ばなかったですから。いやー、ある意味では挫折ですよね、それは。こんな終わり方でいいのかな？（笑）。なんかキュッとしたいよね、最後。

――昨年、マリナーズに戻りましたけれども、その前のマリナーズ時代、何度か自分は「孤独を感じながらプレーをしている」とおっしゃっていましたけど、ヤンキースに移られ、マーリンズに移られ、プレーする役割が変わってきました。そして去年、あのような状態になって、引退ということになりますけれども、その孤独感はずっと感じながらプレーしていたのでしょうか。それとも、前の孤独感とは違ったものがあったのでしょうか。

現在、それ（孤独感）はまったくないです。今日の段階でまったくないです。それとは少し違うかもしれないですけど、アメリカに来て、メジャーリーグに来て、外国人になったこと。アメリカでは僕は外国人ですから。このことは…外国人になったことで、人の心をおもんぱかったり、人の痛みを想像したり、今までなかった自分が現れたんですよね。この体験というのは、本を読んだり、情報を取ることはできたとしても、体験しないと自分の中からは生まれないので。

孤独を感じて苦しんだことは多々ありました。ありましたけど…その体験は未来の自分にとって大きな支えになるんだろうと、今は思います。

だから、つらいこと、しんどいことから逃げたいと思うのは当然のことなんですけど、でもエネルギーのある元気なときにそれに立ち向かっていく。そのことは、すごく人として重要なことなのではないかなと感じています。

締まったね、最後！　いやー、長い時間、ありがとうございました。眠いでしょ、みなさんも、ね？　じゃあ、そろそろ帰りますか。ありがとうございました。みなさんもお疲れ様でした。

（了）

参考資料（順不同）

書籍

『イチロー思考 孤高を貫き、成功をつかむ77の工夫』児玉光雄（東邦出版）
『この言葉が人生を変える イチロー思考』児玉光雄（知的生き方文庫）
『最高の自分を引き出すイチロー思考』児玉光雄（知的生き方文庫）
『目標は小さければ小さいほどいい』児玉光雄（河出書房新社）
『すぐやる力 やり抜く力』児玉光雄（三笠書房）
『やり抜く力』アンジェラ・ダックワース（ダイヤモンド社）
『勝つためのスポーツ科学 メンタルタフネス』ジム・レーヤー（阪急コミュニケーションズ）
『「不安」があなたを強くする』内藤誼人（廣済堂出版）
『努力が報われる人の心理学』内藤誼人（ＰＨＰ出版社）
『夢をつかむイチロー２６２のメッセージ』（ぴあ）
『未来をかえるイチロー２６２のＮｅｘｔメッセージ』（ぴあ）
『自己の変革するイチロー２６２のメッセージ』（ぴあ）
『イチローは「天才」ではない』小川勝（角川書店）
『イチロー・インタビュー』小松成美（新潮社）
『イチロー・オン・イチロー』小松成美（新潮社）
『イチロー・インタヴューズ』石田雄太（文藝春秋）
『イチローに教えたこと、教えられたこと』中村豪（日本文芸社）
『イチロー 努力の天才バッター』（旺文社）
『遥かなイチロー わが友一朗』義田貴士（ＫＫベストセラーズ）
『イチロー果てしなき夢』義田貴士（学研）
『イチロー 勝利の方程式』永谷脩（三笠書房）
『イチロー魂の言葉』石田靖司（アールズ出版）

『イチロー至上主義』氏田秀男（実業之日本社）
『イチローに学ぶ失敗と挑戦』山本益弘（講談社）
『イチローの流儀』小西慶三（新潮社）
『イチロー×北野武 キャッチボール』（ぴあ）
『イチロー×矢沢永吉 英雄の哲学』（ぴあ）
『イチローに糸井重里が聞く』（ぴあ）
『イチロー引退記者会見』（ゴマブックス）

雑誌

『Number』（文藝春秋）
『現代』（時事通信社）
『週刊ベースボール』（ベースボール・マガジン社）

新聞

『日刊スポーツ』（日刊スポーツ新聞社）
『サンケイ・スポーツ』（産業経済新聞社）

WEB

full-count
Number Web
nikkansports.com
Sponichi Annex
web Sportiva

児玉光雄（こだま・みつお）

1947年兵庫県生まれ。追手門学院大学特別顧問、元・鹿屋体育大学教授、京都大学工学部卒業。学生時代、テニスプレーヤーとして活躍し、全日本選手権にも出場。カリフォルニア大学ロサンゼルス校（UCLA）大学院にも学び工学修士号を取得。米国オリンピック委員会スポーツ科学部門本部の客員研究員としてオリンピック選手のデータ分析に従事。過去20年以上にわたり臨床スポーツ心理学者としてプロスポーツ選手のメンタルカウンセラーを務める。また、日本でも数少ないプロスポーツ選手・スポーツ指導者のコメント心理分析のエキスパートとして知られている。主な著書はベストセラーになった『イチロー思考』（東邦出版）をはじめ、『タイガーウッズに学ぶ人生を逆転できる人 できない人』（山と渓谷社）など、200冊以上にのぼる。日本スポーツ心理学会会員、日本体育学会会員。

［ホームページアドレス］

http://www.m-kodama.com

イチロー流《りゅう》「最善主義《さいぜんしゅぎ》」で夢《ゆめ》を叶《かな》える

ベスト新書 606

二〇一九年十二月十日　初版第一刷発行

著者◎児玉光雄《こだまみつお》

発行者◎小川真輔

発行所◎株式会社ベストセラーズ

東京都豊島区西池袋五-二六-一九

陸王西池袋ビル四階　〒171-0021

電話　03-5926-6262（編集）

03-5926-5322（営業）

装幀フォーマット◎坂川事務所

装幀◎鈴木徹（THROB）

印刷所◎錦明印刷

製本所◎ナショナル製本

編集・構成◎小須田泰二（マックプランニング）

ISBN 978-4-584-12606-6 C0295